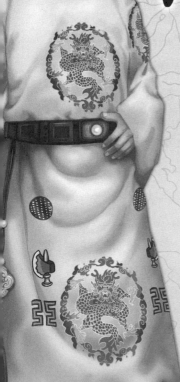

史學權威大師

王晴天/著

大明風華

明代史實全紀錄

目錄

第一部　擁有最奇葩皇帝的大明王朝

第二部　孫若微，何許人也？

附錄一　《大明風華》人物側寫

附錄二　看影片，學《明史》

最黑暗也最璀璨的朱氏王朝

說起大明王朝，大家都知道是由平民皇帝朱元璋創立的。因為幼年時期家貧，朱元璋幾乎什麼事情都做過，他當過乞丐、當過牧童，甚至還當過和尚，可說是中國史上出身最貧寒的皇帝了。但也因為朱元璋曾當過底層百姓，才能真正苦民所苦。在他當了權傾天下的大明皇帝後，他仍記得貧民之苦，勤於體察民情，制定許多體恤農民、發展民生產業的政策，不少百姓對於這樣一位草根皇帝，有著真切實意的敬重與愛戴。

由朱元璋起頭，朱氏王朝統治了中國將近三百年的時間，其中不乏出現亮眼的各種治世與中興局面，但也有不少政治黑暗困頓的宦官干政時期。令人意外的是，大明王朝竟不是毀於那些宦官亂政、皇帝昏庸的時期，而是敗在皇帝勤於政事、朝堂能人輩出的崇禎朝。

明朝從明思宗朱由檢一肩挑起擔子後，立刻開始整肅吏治，剷除為禍朝堂已久的閹黨勢力，皇帝更奉行節儉自律的生活，日以繼夜地批閱奏摺，可謂相當勤政愛民。在文臣武將方面，文有提出「四正六隅」戰略擊破流寇的楊嗣昌、引進西學的徐光啟，武有生擒一代闖王高迎祥的孫傳庭、鎮守山海關的吳三桂、力壓後金部隊的袁崇煥、連戰皆捷的洪承疇，可說是有一隊極為完美的先發陣容。

可惜的是，崇禎帝雖勤政，卻沒能多給能臣一些肯定，

反而處處疑心，總以重典治世，濫殺不少朝廷能人，再加上明末財政早已入不敷出，軍隊糧餉難以配給，前線大將簡直蠟燭兩頭燒——前有如狼似虎的清軍，後有難以為繼的輜重——甚至還得面對崇禎帝發出的「敗戰之罪」威脅。這讓不少明末將領在一次戰敗後，選擇降清，至少能免除「戰敗被殺」的可能性。這也讓窮途末路的明朝雪上加霜，難以回天。

想要讀懂璀璨輝煌的明朝歷史，光從歷史大劇了解是不夠的！不少歷史大劇總為了戲劇效果改寫了史實，很容易因此產生誤讀，一般大眾又不太可能為此特別鑽研那些枯燥乏味、死板單調的學術著作。

這時，王晴天博士開啟了一場知識性服務，他身先士卒，讀懂了明朝歷史，之後又以常人不曾想過的角度切入，深入剖析一段眾所周知的歷史事實。不僅如此，他還以生動活潑的語調製作了一整系列的新絲路視頻，讓讀者不僅能「看到」，還能「聽到」。

繼《賽德克巴萊》、《羋月傳》之後，《大明風華》是一本王博士結合熱門話題與其深厚歷史涵養的鉅著，盡己所能地整理訴說著既黑暗又璀璨的明朝史。

交通大學通識教育中心
副教授　劉河北

大明王朝，風華再現！

　　從 1368 年朱元璋定都應天府（南京），建國號為「明」開始，到 1644 年明思宗在北京煤山的一棵老槐樹上自縊為止，這 276 年正是中國史上最後一個由漢人建立的統一王朝——明朝的國祚。明朝留給中國的「遺產」，卻比我們想像中的多很多。

　　明朝是自漢唐之後，再一次土地遼闊、建國時間漫長的王朝，自五代時期丟失的重要邊疆——燕雲十六州，也終於在明朝回歸漢人手中。朱元璋的成功北伐，是中國歷史上罕有由南往北統一全國的案例，南京也因此首次成為全國性的京城，不再是偏安政權的首都。甚至連中華民國的成立，種種的建國跡象幾乎都是複製明朝的建國模式，可見明朝對中國近代史影響有多麼巨大！

　　先排除顛沛波折的南明政權，正統的明朝共有 16 個帝王，皇帝間的形象或風格也各有千秋，有開基創業、雄才大略的明君，也有守成有加、勵精圖治的君王，但更多的反而是平庸無能、腐敗不堪、興趣與嗜好與常人相異的昏君。此外，漢、唐、明三代也是史家公認宦官亂政最嚴重的三個王朝。但即使如此，終明一世，除了宦官亂政以外，不僅沒有發生權臣、後宮、外戚干預朝政之事，也沒有武將跋扈和藩鎮割據的局面，甚至在皇帝怠政、數十年不上朝的情況下，明朝依舊能正常運作。經過史家的深入研究後，才發現，明

朝之所以能「撐住」皇帝及宦官的「亂來」，與她特殊的政府配置有著絕對的關係。

　　另外，明朝也不只在政治上繳出了一張特殊規格的成績單，在其他方面更發生了不少亙古亙今從未有過的「大事業」！明初的鄭和下西洋，就是東方版的「大航海時代」，與西方的「地理大發現」遙相呼應，甚至比它早了一百年；明朝的經濟活動也相當發達，國內外的商業活絡，更導致貨幣制度飛速革新，使中國在明朝就開始了初步的現代化；明代文化上也有出色的造詣，思想界出現了陽明理學，小說界更產出現今華人社會都耳熟能詳的「四大奇書」──《西遊記》、《水滸傳》、《三國演義》與《金瓶梅》，這四大奇書不僅影響全球數十億華人，更在全世界掀起風潮，各式以四大奇書為背景的改編作品，無一不在全球颳起旋風！

　　細看明朝歷史，可說是高潮迭起，精采萬分。雖然明朝的腐敗令人咋舌，但她遺留的成就至今影響仍無處不在。希望讀者能在筆者的帶領下，藉由本書中的介紹更加認識明朝歷史，並從中體會明朝的風華英姿。若想更深入了解明朝歷史，歡迎觀賞由筆者主講的新絲路視頻！

影片傳送門

王晴天　於台北上林苑

明朝皇帝原來這麼KUSO

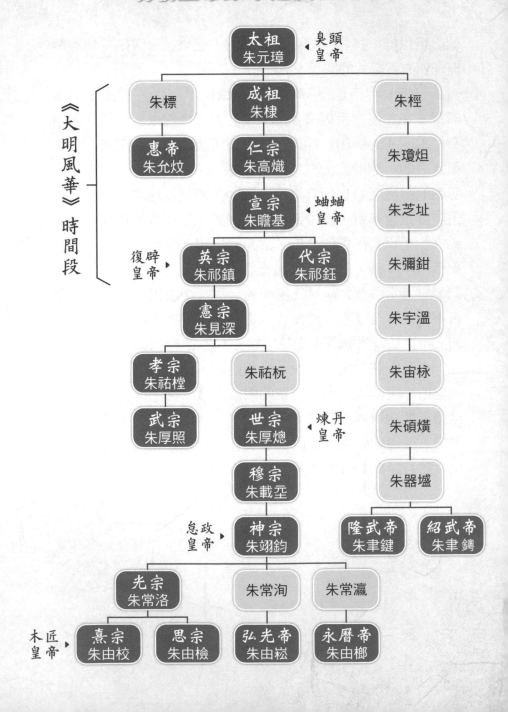

第一部

擁有最奇葩皇帝
的大明王朝

第一章 破而後立的元末明初 元末～惠帝

　　在蒙古帝國武功極盛時期，曾經建立了一個版圖橫跨歐亞兩洲的大帝國。除了蒙古鐵騎在西征擴張時期屢次擊潰歐洲各國聯軍外，十四世紀中期蒙古人在圍攻克里米亞半島上的卡法（Kaffa）時，更曾將因鼠疫死亡的病人屍體拋入城中，展開以細菌為武器的生物戰，從而引發導致歐洲三分之一人口死亡的黑死病（Black Death）大流行。這也是歐洲人極其恐懼地將這些「既如神兵，又能降下天災」的蒙古人命名為「黃禍」的原因。

　　西元 1264 年，蒙古帝國因繼位紛爭開始走向分裂局面。七年後，忽必烈在中國境內建立了元朝，展開了對中國長達 109 年的統治。到了元末，元朝面臨了嚴重的財政危機，除了加重賦稅外，不斷加印的紙鈔也導致了嚴重的通貨膨脹，再加上全國各地接連發生乾旱、水災、瘟疫等天災，最終引起大規模的農民暴動。

　　最終，由平民出身的「臭頭皇帝」朱元璋，南征北討與元朝征戰近二十載，才終於擊敗元朝，建立大明王朝，使中國再次回歸漢人統治。

天災人禍擊敗了我：元末亂世

元朝（1260～1368）從其入主中原到黯然退場，歷時大約 109 年。在其統治期間，施行了一連串欺壓漢人的政策，終於在元朝末年，引爆大規模的暴動，這股反噬力量持續十幾年，元朝終究走向滅亡一途。

元朝入主中國後，以勝利者自居，為了保持蒙古人的特權地位，開始實行種族歧視政策，也就是著名的「四等人制」。其中地位最高的自然是蒙古人，其次是最早歸順蒙古的邊疆民族色目人，接著是原金朝統治下的漢人，最後才是原南宋統治下的南人。這四種人在政治地位上極不平等，如：官員正官幾乎都是蒙古人，其餘是色目人，漢人頂多只能擔任副手職位。但遊牧民族出身、以行軍作戰見長的蒙古人，在行政效率和組織方面，遠遜於具備上千年文官歷史的漢人，導致元廷治理時的不穩定。

元朝的君主、貴族們，奢侈腐化成風，為了滿足自身利益與經濟需求，只好不斷地開源，方式包括──持續搜刮人民財產、謀奪人民土地、徵收重稅，每一項都是與民爭利。每年搜刮而來的民脂民膏，大部分用於賞賜臣子和「做佛事」，終於演變成入不敷出的局面，這也為元末嚴重的財政問題肇下遠因。

元朝皇帝為了攏絡蒙古王公貴族，只要一登上帝位，勢必開始大肆賞賜金銀和土地給支持者。元世祖忽必烈時期，元廷賜給大臣的田地一次不過百頃，在之後的各代卻

驟增至千頃，甚至萬頃。大部分蒙古貴族會把得到的土地轉租給農民，但卻立下相當相當嚴苛的租賃條件。地主除了要求佃戶繳交大量農作物當作租金外，有的還會隨意徵收絲料（元對漢民徵收的賦稅），甚至逼迫佃戶代服差役，這也導致了「富者愈富，貧者愈貧」的局面。元武宗時期，元廷每年入鈔僅約二百八十萬錠，但他即位不到一年就花掉八百二十餘萬錠，超出近三倍。元仁宗即位後，財政支出更高達二千萬錠，細數其中支出項目，大部分支出都用於賞賜蒙古貴族。

另外，元朝崇信藏傳佛教。早在元世祖忽必烈時期，藏傳佛教四大派之一的薩迦派法師八思巴就曾擔任元帝國的帝師。到了元武宗時期，用在敬神、修寺等宗教活動上的國庫開支，甚至高達政府年收入的三分之二。依據元仁宗延祐四年（1317）的統計，光是「供佛飲食」這個項目，當年度就用去近四十四萬斤的麵粉、近八萬斤的油、二萬七千餘斤的蜜，更別說每天當作牲禮而被宰殺的近萬頭羊。此外，受供奉的喇嘛們往往囂張跋扈，時常肆無忌憚地欺侮百姓，成為社會的亂源。

元英宗以後，元朝諸帝更是貪財無度，掠奪無厭。在這種情況下，政府財政經常入不敷出，為了要彌補虧空，只能加重稅收，濫發紙鈔。說到紙鈔，就得從元世祖忽必烈的貨幣政策說起。西元1260年，元世祖發行了寶鈔及中統交鈔兩種紙鈔，取代了中國已使用上千年之久的「銅本

14

位」貨幣制度，將紙鈔限定為官方唯一認可的貨幣，不可不說，這的確是一個創舉。然而，在元朝中後期國庫急速乾癟之時，元廷想出了一個解決問題的餿主意——加印紙鈔。加印紙鈔確實能快速緩解陷入財政危機的元朝國庫，但卻造成了嚴重的通貨膨脹，紙鈔變得一文不值，民間百姓只得以物易物，民生經濟大受影響。

在十四世紀中期，除了歐洲正飽受黑死病所苦外，中國也開始爆發頻繁且嚴重的水災及旱災，隨之而來的是嚴重的饑荒，餓殍載道。大量餓死的災民屍體無人收拾，從而導致瘟疫橫行。根據統計，元朝末代皇帝元順帝（1333～1368）的在位期間，正是元朝瘟疫大肆流行的時期，在短短 35 年間，共爆發了足足 12 次的瘟疫，平均三年就有一場瘟疫爆發。

儘管元廷盡了最大努力，試圖在天降災難中保衛自己的統治權，包括徵調十七萬餘人修築氾濫數次的黃河河堤。修堤的立意良善，但元廷好不容易撥下的修堤資金，卻因元朝官吏的貪腐而遭層層剝削，實際撥到修堤工人手中的工錢已所剩無幾，因此招募不到修堤工人，地方官吏為了交差，只得四處以徭役名義抓人。修築黃河河堤變成一道催命符，使元廷大失民心。

元朝末年，一切腐敗現象到達極點，蒙古貴族和喇嘛僧的跋扈、官吏的貪污、地主豪強的專橫，與日俱增；元廷發布的經濟政策無力解決持續性地惡性通貨膨脹，為了

維持自己高人一等的種族優勢，實行種族歧視的行政政策更使漢人難以忍受；頻仍的天災更是壓死駱駝的最後一根稻草，瞬間引爆在政治、經濟上長期受壓抑、剝削的漢人的強烈不滿。在天災人禍的雙重交迫下，反元勢力一一崛起，戰火瞬時點燃。

元末民變持續了十多年，在社會動盪不安的時候，宗教往往能有撫慰人心的作用。早在元泰定二年（1325），河南就有農民提出「彌勒佛當有天下」的口號，開始起事造反。其中，以宗教名義為號召，最有名的就是由白蓮教徒創立之「紅巾軍」。

白蓮教是宋代以降的著名秘密宗教團體，揉雜了佛教、彌勒教、摩尼教（又稱明教）的宗教理念而成，大力鼓吹「明王出世、彌勒降生」的信條，並堅信「光明必勝黑暗」。值得一提的是，元末白蓮教徒發動民變時，往往手持紅旗，頭紮紅巾，焚香聚眾，因此也常被稱作「紅巾軍」或「香軍」。這種以宗教為主軸的反抗勢力，往往能讓參與者更加捨生忘死地衝鋒陷陣，也更能給官府造成麻煩與增加鎮壓難度。

起初，紅巾軍確實以「抗元」為宗旨，但隨著元廷的最後一位名臣——宰相脫脫，被同僚彈劾下台後，元廷便更加難以抵抗如雨後春筍般冒出的紅巾軍，這也令紅巾軍各路領袖逐步發展為割據一方的勢力，群雄之間也開始互相征戰，包括吳天保、方國珍、徐壽輝、郭子興、朱元

璋、張士誠、陳友諒、明玉珍、陳友定、何真等多股勢
力，失去了原本紅巾軍起事合作抗元的性質。

其中，最值得注意的是平民出身紅巾軍將領──朱元
璋。朱元璋最初投於郭子興麾下，因戰功彪炳而屢次升
遷，最後當上郭子興勢力的二把手。在郭子興因病去世
後，總算取得話語權，成功繼承了郭子興的舊部與勢力，
繼續抗元。朱元璋更在攻下集慶路（即南京）後，以該地
為根據地，大肆擴張勢力範圍，奠定開創明朝的基礎。隨
後，朱元璋聽從其網羅的浙東文人建議，在穩固江南後才
開始北伐，最終成功攻佔元朝首都大都，結束了元朝對中
國百餘年的統治，中國的統治權再度回歸漢人手中。

你是不是在罵我：太祖朱元璋

年號	洪武	在位期	1368～1398（31 年）

（取自維基共享資源）

武力 ★★★★★
智力 ★★★★☆
魅力 ★★★★★
政治 ★★★★☆
外貌 ★★☆☆☆
特技 嗜殺 ＋ 文字獄 ＋ 反貪腐
評價 ★★★★★

　　明太祖朱元璋（1328～1398），明朝開國皇帝。因排行第八，原名為「朱重八」，後來更名為興宗，字國瑞，生於安徽鳳陽。因其年號為「洪武」，民間也稱他為「朱洪武」或「洪武大帝」；又相傳朱元璋年少時，長了滿頭癩痢，結痂流膿，因此又稱他為「臭頭皇帝」。

　　朱元璋出身平民，幼年時家境貧窮，沒錢供他讀書，曾以替地主放牛維生，同為牧童的夥伴多以朱元璋為首，長大後，甚至成為朱元璋起義時的將領。

　　元至正四年（1344）淮北大旱，朱元璋的父母、兄姐先後在旱災後的饑荒中餓死，迫不得已，朱元璋只得與仲兄（即二哥）合力用草蓆將親人屍體包裹埋葬。之後，朱元璋加入當時還管飯的寺廟──皇覺寺當小沙彌，原以為能這樣撐過饑荒，沒想到入寺不到二個月，寺廟住持就因荒年寺租難收，下令遣散僧人，朱元璋只好離鄉當遊方僧。朱元璋 25 歲時，加入郭子興領導的紅巾軍對抗元朝政權，因為指揮調度有方，成為郭子興的親信，也開始讀書識字，還娶了郭子興的義女馬氏（即後來的馬皇后）。

　　至正十五年（1355），郭子興因病去世，朱元璋繼起帶領部眾，仍尊白蓮教主韓林兒為帝，並在隔年攻下集慶路（即南京）後，便將此地改設應天府，並作為根據地。

　　至正二十年（1360），朱元璋延攬了浙東文人劉基、宋濂、朱升等人才，先後採取朱升「高築牆、廣積糧、緩稱王」及劉基「先漢（南方）後周（北方）」的策略，在

成功穩固江南一帶的勢力後，再行北伐元廷。這種有效安定江南一帶社會動盪氛圍的戰略性布置，更使朱元璋獲得東南地主的支持，鞏固了他對這個地區的統治。此外，朱元璋也特別注重農業生產力的恢復，他在各地廣築堤防，興修水利，預防旱澇，經營農田，還多次免除田賦。在他統治的地區，農民生活較為安定，軍糧也供應充足，使他能無後顧之憂地北伐。

至正二十一年（1361），韓林兒封朱元璋為吳國公，不久朱元璋擊敗陳友諒，改稱吳王，但仍奉韓林兒為尊。五年後，朱元璋藉口迎韓林兒到應天府，將韓林兒溺死在瓜洲江中。之後朱元璋陸續掃平張士誠、方國珍勢力，一統江南，聲威盛極一時。

江南大勢底定以後，朱元璋才開始著手北伐，制定「先攻取山東，後取河南、陝西潼關，最終進軍元大都」的計畫。至正二十七年（1367），朱元璋命徐達為征虜大將軍，以常遇春為副將，率軍二十五萬進攻北元。隔年正月，朱元璋在應天稱帝，建國號「明」，年號洪武。元末他與元軍、紅巾軍征戰近二十年時間，最終在40歲的中壯年時期成功稱帝。

身為一個平民出身的皇帝，朱元璋的出身充滿了傳奇色彩，也有不少的軼事傳聞。與朱元璋相關的民間軼聞中，最出名的有兩個——「長在土裡的花生」及「一把破傘擺出真命天子」。

　　傳說以前的花生是長在地面上的，並不像現在的花生長在土裡。有一天，還是頑童的朱元璋趁舅舅不在，跑到花生田玩耍，看著長滿地的花生垂涎三尺，很快就禁不住誘惑，埋頭大快朵頤，吃著吃著就睡著了。熟睡的朱元璋一翻身，坑坑疤疤的癩痢頭被花生殼扎到，他痛得大叫：「你們這些可惡的花生，竟敢妨礙我午睡！還不給我滾到地底下！」在朱元璋的「金口諭令」之下，花生們居然爭先恐後地鑽進土裡。這時，舅舅挑著擔子要來採收花生，發現花生都不見了，以為是朱元璋吃光了，生氣地捲起袖子準備打他。朱元璋眼睛一轉，連忙趴在地上，扒開泥土，在舅舅面前挖出一顆顆的花生。驚訝的舅舅丈二金剛摸不著頭緒，但也無可奈何，只能放過朱元璋。

　　另一個傳說，也發生在元朝末年。當時戰亂不斷，民不聊生，精通卜卦、通曉天文的劉伯溫掐指一算，發現「真命天子」即將現世。有一天，劉伯溫偶然發現一個少年帶著一把破傘四平八穩地躺在地上睡覺，破傘橫在他的臭頭上，就好像「大」字上加一橫，成「天」字。過了一會兒，少年翻了個身，把傘擱在肚子上，屈手枕著頭，看起來就像個「子」字。劉伯溫見狀喜極而泣：「他就是我要找的真命天子啊！」後來，朱元璋果然滅了元朝，當上明朝的開國皇帝。

　　明太祖在政治上兼具明君和暴君的雙重性格，因此他的政治策略，有些值得稱讚，大有可為，有些又相當不合

理。此外，他出身民間，為了鞏固得來不易的成就，「家天下」思想濃厚，一即帝位，明太祖便開始大肆分封諸王。明太祖以隋唐兩朝為鑑，深知宗室權輕、君主孤立的危險，因此選擇大封子弟，以穩固中央皇權。

　　洪武三年至二十四年（1370～1391）間，明太祖先後分封了二十五個王，除了一個是侄子外，其餘都是兒子。諸王的封地遍布全國，尤其以北方居多。諸王自設官屬，俸祿優渥。雖然規定不能過問地方政事，但諸王仍各自領有護衛軍，少則數千人，多則近兩萬人；此外，明初每遇戰事，明太祖常命諸王總領軍事，因此像封地在北方的秦王朱樉、晉王朱棡、燕王朱棣、寧王朱權等人，就必須擔當防禦北方的重責大任，權勢尤重。當時曾有大臣上疏勸諫，預見了將來諸王尾大不掉之禍，但明太祖卻認為是臣子在離間骨肉之情，所以就把上奏的人處死。沒想到，明太祖死後不久，他的兒子燕王朱棣便發動「靖難之變」，狠心除掉明太祖的愛孫、自己的侄子，成功奪位。

　　在此要特別提一下明太祖的第十七子寧王朱權。寧王的封地為寧國，即今日東北跟內蒙古的交界帶。寧王的軍力特別強，尤其是他掌管了「朵顏三衛」，其實朵顏三衛並不是一支漢人軍隊，而是元朝敗退時臣服於明太祖的東部蒙古騎兵。由於寧王朱權與燕王朱棣同時被封於北方鎮守邊疆，雙方時常交流，這也造成在明惠帝推動削藩、燕王朱棣起兵造反時，寧王朱權與朱棣連成一氣，最終使燕

21

王得以扳倒正統,取而代之。

　　除了大封諸王,鞏固家族勢力以外,明太祖也害怕大權旁落,因此廢除了自秦朝以來中國歷代實行的宰相制度,開啟了君主獨裁的「中央集權」局面。洪武十三年（1380）,左丞相胡惟庸因「圖謀不軌」被殺,明太祖更以「相權過重」為藉口,廢除中書省與宰相制度,使六部直屬皇帝掌管。此外,他也明令後代子孫不可再恢復宰相制度,臣子若膽敢奏請復設宰相制度,除個人要受凌遲之刑以外,更禍及全家,將遭滿門抄斬。

　　廢除宰相制度固然可以防止權臣干政,但是並不是每個皇帝都有能力可以兼任宰相,也不是每個皇帝都像明太祖一樣認真,勤於政事;因此,如果皇帝缺乏總攬國政的能力和興趣,那麼大權旁落於親信,也是指日可待。因此,明太祖的廢相政策,也給了日後明朝「宦官干政」發展的機會。

　　除了廢除宰相外,明太祖對臣子的控制極嚴,極盡污辱之能事,以讓士大夫尊嚴掃地為目的。他常在朝堂上施行「廷杖」,只要朝臣上奏稍有忤逆或言詞不當,便當場用木棍公開打屁股。廷杖的主要目的是羞辱大臣,但廷杖的後座力,並不只是精神層面的羞辱而已,當大臣遭廷杖之刑後,多半皮開肉綻,需要刮去壞死的皮肉,臥床數月,才能痊癒,身體較弱的大臣甚至當場被活活打死。因此,不管是精神上還是肉體上,廷杖都給士大夫帶來極大

的壓力。相傳當時，大臣在上朝前都要先跟家人訣別，如果平安下朝，回家還會相擁而泣。有明一代，士大夫被廷杖的紀錄不絕於史書。

此外，明太祖還大興「文字獄」，常有人因為文章內幾個毫不相干的字、詞，就被處死。比方說，曾有人因奏章裡面有「光之天下，天生聖人」的字句而被殺，原因是——「生」和「僧」音相近，而「光」又是僧人頭頂無髮的寫照，因此讓明太祖聯想到自己小時候當過和尚的經歷，懷疑上奏者在諷刺自己的出身。真是欲加之罪，何患無詞！由此可知，明朝士大夫在面對這樣一個喜怒無常的君主時，內心有多惶恐、驚懼，深怕一個不小心，除了引來殺身之禍，還可能禍及全家。

為了強化皇權的控制力，明太祖還將原有負責給皇帝打傘壯聲勢的儀仗隊「儀鸞司」改制成「錦衣衛」。這個特務機構相當於現今的「調查局」，屬於直接向帝王負責的情報特務組織，直接賦予他們偵察、緝捕、審判、刑罰的權力，藉此監視大臣們的一舉一動。

關於「錦衣衛」的來歷，還有一則小故事。相傳在洪武六年（1373）的某天，明太祖宣布退朝離開大殿時，突然在屏風上看到一張小紙條，上頭寫著：「胡惟庸去拜見李善長！」由於胡惟庸及李善長都是開國元老，手中握有很大的權力，他們的會面勾起了明太祖的猜忌之心，於是叫來一旁名為毛驤的侍衛，命他全力打探胡惟庸的消息，

一有結果，就在屏風上貼小紙條給自己過目。毛驤接到皇帝諭令，自然無所不用其極，兢兢業業地四處打探消息，最後不僅蒐集到完整的「胡黨」名單，甚至挖出胡惟庸準備通敵謀反的陰謀。明太祖聽了之後大怒，也不給胡惟庸當庭對質的機會，直接命毛驤帶人抄家、滅族，甚至連當時與胡惟庸交好的功臣也不放過，名單中韓國公李善長赫然在列。這種在屏風上貼字條的方式也深受明太祖喜愛，因此創辦了「錦衣衛」這類的特務組織，沿用這種「打小報告」的方式。

從錦衣衛的設立，就可以看出明太祖猜忌、多疑的個性，這樣的個性到了晚年更是變本加厲，他擔心功臣們居功枉法，對明朝皇室圖謀不軌，所以，他晚年曾興起兩次對朝臣的集體屠殺。

第一次是洪武二十三年（1390）的「胡惟庸之獄」，儘管胡惟庸早在洪武十三年（1380）就被明太祖以謀反的罪名誅殺，但他的同黨卻在整整十年過後，才完全浮出檯面，明太祖怒而肅清逆黨，因此案被殺的人多達三萬餘人，其中被封侯的功臣就有二十幾人。

到了洪武二十六年（1393），又爆發「藍玉之獄」，這是第二波明太祖對朝臣的集體屠殺。藍玉是北伐元朝的名將，因開國有功，恃功而驕，遭人控告謀反而被殺，牽連被殺的人數高達一萬五千多人。此案過後，協助明太祖開創明朝的開國元勳宿將，幾乎被肅清一空。

　　深究明太祖對大臣痛下殺手的根本原因，絕大部分是出於對功臣的不信任，為了守住得來不易的江山，並達成「家天下」的最終目的，即是背負上「兔死狗烹，鳥盡弓藏」的罵名，他也在所不惜。

　　但另一方面，明太祖在政治上也有相當優異的表現，甚至其在位的三十年有了一個美名——「洪武之治」。明太祖在政治上最值得稱讚的是厲行法治和嚴懲貪污。

　　洪武三十年（1397），明太祖頒布了《大明律》，其中所載的懲罰比宋朝的《宋律》來得嚴厲。根據《大明律》規定：只要是犯「謀逆」之罪的人，一律處凌遲之刑，此外還實行連坐制度，只要是有可能「知情不報」者，包括——祖父母、父母、兒女、孫子女、兄弟姐妹以及同居者，只要是年滿 16 歲的親人都要處死。

　　明太祖也相當熱衷於宣傳自己制定的新法，他希望不論是朝廷重臣還是市井小民，都能熟悉法律，以免因不知法律而犯罪。明太祖本人也是相當遵守法律，甚至能做到一視同仁。

　　在明太祖還未開創明朝，還是起義軍首領朱元璋時，他的起義軍將領胡大海的長子在婺州（今浙江省金華市）私自釀酒，違反酒禁，依法應處死。當時胡大海正在前線作戰，有人勸阻朱元璋通融一下，放過他，但朱元璋卻說：「寧可胡大海背叛我，也不可以不依法行事！」於是親手斬殺胡大海的長子。

在嚴懲貪官方面，明太祖也立下嚴刑重罰。根據明朝法律，只要官吏貪污經查證屬實，一律發配至北方荒漠充軍，贓款達到六十兩以上的貪官，甚至要梟首示眾，而且還要處「剝皮實草」之刑。「剝皮實草」可謂相當暴虐殘酷，明太祖為了嚴懲貪官，在各地廣設專門剝皮的「皮場廟」，只要官員貪污，就把他們拉到皮場廟剝皮，然後在撥下的皮囊裡塞滿石灰和稻草，再將皮囊懸掛在市場示眾，或是擺放在貪官原來的辦公室座位旁邊，藉此警醒繼位的官員不要重蹈覆轍，否則這個塞滿石灰和稻草的人皮囊就會是他以後的下場。如此怵目驚心的舉動，果然震懾了很多官員，洗刷了元末以來貪污的風氣，這波肅貪運動，歷時之久、標準之嚴、手段之狠、誅殺之多，都是中國幾千年歷史所罕見。

由於明太祖出身低微，所以他深知民間疾苦，除了澄清吏治以外，也積極恢復民生經濟。

元朝末年，不僅連年爭戰，還發生多次天災，致使人民流離失所，死傷慘重，人口大量減少。所以，明朝建立後，明太祖認為，天下甫定，民生經濟困頓，就像剛會飛翔的鳥兒不可拔其羽、才種下的樹不可搖其根一樣，因此他訂下「休養生息」及「藏富於民」的經濟方針。想要發展民生經濟，穩定國家財源，首先必然得盤點既有資源，最重要的莫過於勞動力和土地。

自洪武十三年（1368）始，明太祖命令大臣編纂《黃

冊》及《魚鱗圖冊》。《黃冊》記錄的是每戶家庭的人口數，因封面是黃色而得名，相當於現在的戶口名簿；《魚鱗圖冊》記載的則是田地的地主、田形、田界、肥瘠等內容，因繪製的田地圖形狀似魚鱗而得名。明朝政府每隔十年，就會重新進行一次全面性的人口、土地普查。到了洪武二十年（1387），《黃冊》及《魚鱗圖冊》均已完善，因此明太祖下令兩者並行，結合戶籍人口與土地分配情況，以作為徵收賦稅的基礎，確保國家財政收入。

　　明太祖認為農業是經濟之本，為了保障發展農業的勞動人數，明太祖通令全國，地主不得蓄養奴婢，所有奴婢一律釋放為良民，且只要是因饑餓而賣身為奴者，皆由朝廷贖身。除了讓被釋放的奴婢能計入勞動人口外，明太祖也嚴格管控能躲避差役及勞動的寺院人數，明令各州府縣只能有一個大寺院，禁止40歲以下的婦女入寺當尼姑，嚴禁寺院收養童僧，若20歲以上的青年意圖出家，必須先得到父母和官方同意。以上這些措施，都使明朝初年的勞動人口大增，充足的勞動力也使民生經濟得到發展。

　　此外，明太祖更大刀闊斧地實行屯田政策，並進行大規模的計劃性移民，在淮河以北和四川地區進行墾荒。他也曾派國子監下鄉督導水利建設與賑災行動，並以減免稅賦的方式來獎勵耕作，更大力提倡種植桑、麻、棉等經濟作物。這些措施在在都使明朝的經濟快速復甦。

　　值得一提的是，儘管明太祖支持民生經濟，但他卻只

重視農業和農民，這個思維模式也反映在其刻意貶抑商人的行為上。他特別規定農民可以穿綢、紗、絹、布四種衣料，而商人卻只能穿絹、布兩種料子製成的衣服；商人參加科考、當官，也都會受到種種刁難和限制。

尋求經濟穩定的同時，明太祖還重新建立起新的社會秩序，展現社會關懷。他特別重視老年人，明確將「敬老」訂為國家政策，使社會充滿尊老養老的風氣。他也很重視社會救濟，除了撥款賑災濟貧外，還特別加強一般民眾抗災自救的能力。在面對天災侵襲方面，明太祖積極的應對態度，也樹立了政府負責任的形象，贏得民心。

明太祖崇尚簡樸，雖貴為開國皇帝，但其生活卻相當務實節儉，與中國歷代皇帝在皇宮內部規劃大片面積設立「御花園」不同，明太祖以「御菜園」取代「御花園」，在其間種滿蔬菜，供皇宮人員享用，甚至能自給自足。明太祖也希望百姓跟自己一樣儉樸度日，因此，他在洪武三年（1370）制定了一系列規章制度，嚴格規範人民穿衣物、戴首飾、建房子、乘車，甚至是人們的行動舉止，可說是在食衣住行各方面，都全面性地加以規範。從此也可以看出明太祖控制欲之強，堪稱絕無僅有。

前面說到明太祖出身貧苦，在幼年時期無法讀書，一直到加入紅巾軍郭子興麾下後才開始學習識字，但他卻並沒有因此輕視讀書學習這個方面。明太祖認為由古至今的所有帝王都應注重教育，無論是教育人才，還是端正風

俗，都應從學校開始。

　　於是，明太祖在中央設立國子監，將其中的學生稱為「監生」，修業年限4年，成績優異者，畢業後便可擔任官吏；在地方各府州縣都設有學校，將其中的學生稱為「生員」，資深且表現優異的學生則可以升入國子監就讀。此外，中央還設有專門教育宗室子弟的宗學，以及專門訓練軍事人才的武學。

　　明太祖在皇子們教育方面也相當重視，他挑選大批優秀的文學士，給諸位皇子講經讀史，還根據皇子們不同的年齡，制定學習計畫。此外，他也很注重身教，包括他曾帶著皇子們上戰場作戰，親自教導及訓練他們的戰鬥意識和膽識；甚至為了要讓皇子們親身經歷民間疾苦，待皇子們年長後，還會送他們到較落後的老家鳳陽生活一段時間，讓他們多多接觸民間生活。由於明太祖重視諸子教育，使他的兒子們在成年後大多很能幹，所以史家對於這位皇帝爸爸的評價相當高。

　　在處理內政之餘，明太祖也開始拓展大明疆土的志業。他多次籌劃北伐蒙古，以保障北方邊塞的安寧；同時，也發兵奪得遼東地區，但當時向明朝稱臣納貢的高麗卻要求明太祖將「遼東」這個曾經是元朝與高麗分界的地區還給高麗，想當然耳，明太祖不可能將到口的鴨子放飛，因此果斷拒絕。高麗王室被拒絕後，怒而派大將李成桂渡過鴨綠江作戰，令人意外的是，李成桂拿到兵權後，

卻殺了一記回馬槍，成功兵變奪得政權，不僅逼迫高麗王室退位，還不斷地利用自己奪來的大權恣意罷廢高麗皇帝，直到人民遺忘了自己的兵變後，才一舉登上帝位，並致書明太祖，請明太祖賜下國號，最後，明太祖高興地為其定名「朝鮮」，並將其列為不征之國（明太祖宣布不征伐鄰近的 15 個國家，保持與這些國家和睦的關係，藉此促進各國間的貿易發展），朝鮮王朝也就此開始其五百年之久的歷史。

在海路方面，明太祖卻實行閉鎖政策。在明朝建立之初，沿海出現大量由日本武士組成的倭寇（海盜）集團，他們囂張猖獗，貪婪地掠奪中國沿海，迫使明太祖採取一連串的抵禦措施。在明初，他先撤銷了沿海幾個專責對外貿易的市舶司（包括福建泉州、浙江明州、廣東廣州等地），中國對外貿易遂告斷絕。自洪武十四年（1381）開始，明太祖更下令實施海禁，禁止瀕海民眾與海外各國進行各種交流互動，之後每隔一、兩年就會將海禁政策再次昭示天下。因此，原本與中國往來密切的東南亞各國，也因此無法來華進行商業或文化交流。

由上可知，明太祖在位期間，治國可說是溫猛並濟。民生經濟方面，他下令全國休養生息，重視農業發展，獎勵墾荒，大興移民屯田，興修水利，提倡種植桑、麻、棉等經濟和果木作物；下令解放奴婢；減免賦稅；製作《黃冊》和《魚鱗圖冊》，清查人口、丈量土地，作為課徵稅

賦的基準。社會風氣上，養成尊老敬賢的風氣，並重視社會救濟和教育。

　　源於明太祖幼年時期對於元末吏治的痛苦記憶，明太祖甫即位後，一方面全力減輕農民負擔，恢復社會的經濟生產，改革元朝留下的官吏弊病，懲治貪污的官吏，使國家政治、社會經濟逐漸恢復生機，締造明初的一大盛世，史稱「洪武之治」。但他同時也用嚴厲的手段，控管臣民，他一直以來都是以「猛」治國。立《大明律》，用嚴刑峻法管理百姓與官僚，禁止百姓自由遷徙，嚴厲打擊官吏的貪污腐敗，設立「錦衣衛」等特務機構，清洗權貴勢力，廢除宰相制度，進一步加強了中央集權。

　　因此，明太祖在歷史上的評價呈現兩極化，持正面評價者，通常都是從他打擊貪污、恢復經濟著眼，稱讚他是歷史上少見勤於政事的皇帝；持負面評價者，大都在抨擊他的高壓統治，用廷杖打擊士大夫士氣，用錦衣衛控制政治氛圍，施行文字獄。

　　洪武三十一年（1398），明太祖駕崩，享壽 70 歲。因為太子朱標早死，所以傳位給嫡長孫朱允炆，即明惠帝。據記載，明太祖死時生殉十幾名侍寢宮人，這一制度沿襲到後來的成祖、仁宗、宣宗、代宗，這股「節烈從殉」的風氣，也向下延伸到宗室公侯、官宦之家和民間，直到英宗時期才下詔廢止。

　　民間和史書記載了很多和明太祖相關的軼事典故。相

傳，明太祖在定都南京以後，曾下令公卿百姓之家，門上須張貼對聯一副，還要求對聯用紙應用硃砂染色，稱「萬年紅」。這是因為「紅」和「朱」同義，都具「紅色」之意，藉此表示大明王朝的江山永固，這也是春節貼春聯風俗的開始。

另外，據說「中秋節吃月餅」的習俗，也和明太祖有關。在朱元璋還是紅巾軍起義將領的時候，因為元軍的控制很嚴，為了傳遞消息給起義人士，謀士劉伯溫獻策，不妨就趁著中秋節將至的機會，在中秋節互贈的月餅中摻夾「八月十五殺韃子」的紙條，號召大家在八月十五日那天起義，誅殺韃子（即蒙古人）。在明軍攻下元朝首都大都後，朱元璋下令賞賜群臣的節令糕點就是月餅，用於紀念當年的起義。

最後補充一個明太祖辦公的特色，據傳，明太祖聖旨中的語詞多是口語化的白話文，固然可能是因為他的出身背景關係，但眾多翰林苑大臣卻未替其捉刀潤飾語句，就可能是其故意為之。無論如何，他用白話文下聖旨，讓他的旨意簡單易懂，地方百姓也能立刻因應。某天從沿海地方傳來「倭寇來犯」的消息，地方官吏請示明太祖該如何處理，明太祖立刻下一道聖旨：「奉天承運皇帝詔曰：告訴百姓們，準備好刀子，這幫傢伙來了，殺了再說！欽此。」由此可見其聖旨字句的特色。

削藩把自己弄沒了：惠帝朱允炆

年號	建文	在位期	1399～1402（4 年）

（取自維基共享資源）

武力 ☆☆☆☆☆
智力 ★★★☆☆
魅力 ★★★★★
政治 ★★☆☆☆
外貌 ★☆☆☆☆
特技 削藩＋隱身
評價 ★★☆☆☆

　　明惠帝朱允炆（1377～？），太祖之孫，明朝第二位皇帝。朱允炆是太子朱標的次子，因其嫡母太子妃常氏及長兄朱雄英早死，朱允炆的生母呂氏便繼任為太子妃，於是太祖就將朱允炆視為嫡長孫。較特別的是，一般人的頭顱形狀都呈現圓形，但朱允炆出生時頭顱稍偏，因此太祖常拍著他的頭，稱他為「半邊月兒」。

　　洪武二十五年（1392），朱允炆的父親太子朱標病死，他被祖父明太祖朱元璋立為皇太孫。朱允炆自幼熟讀儒家經書，所近之人多抱持理想主義，造就他的性情和父親朱標一樣溫文儒雅，心胸寬大。甚至在洪武二十九年（1396），朱允炆曾向太祖請求修改《大明律》，他參考《禮經》和歷代刑法，修改了《大明律》中 73 條過分嚴苛

的條文，深得人心。

洪武三十一年（1398），太祖去世，死前密命駙馬梅殷輔佐新君，之後朱允炆即位，是為明惠帝，並定次年為建文元年。明惠帝登基後不久，便重新選拔六部官員，首先晉用齊泰為兵部尚書、黃子澄為太常寺卿，再召方孝孺為翰林院侍講，在國事上相當倚重三人。

明惠帝的治國方針也與祖父的嚴猛治國截然不同，他改行寬政，囚犯人數因此減少至洪武時期的三成左右。明惠帝在政事上也能虛心納諫，相傳有次他因病上朝遲到，監察御史尹昌隆對此嚴正批評，左右服侍他的宦官們建議明惠帝說出自己生病的事實，但他卻認為這樣的諫言實屬難得，不但沒有自辯，還公開表揚了批評自己的尹昌隆。

明惠帝時期，除了施行寬政外，最重要的政治舉措就是削藩。先前說到明太祖為了鞏固皇室政權，大肆分封宗室為王，並令其各自擁有軍隊。這對惠帝來說，就像在頭上懸了數把刀一樣，芒刺在背。藩王大多是他的叔輩，在封地既能自設官屬，又能掌握兵權，對他來說是個威脅。因此，明惠帝即位後，與齊泰和黃子澄商討，最終確定了削藩政策，先後廢黜了周王朱橚、齊王朱榑、代王朱桂及岷王朱楩。但在部署對付年齡最長、軍功最多、武力最強大的燕王朱棣時，因為消息走漏，打草驚蛇，反而讓燕王起了先發制人的念頭，於建文元年（1399）以誅殺齊泰、黃子澄為名義，起兵反叛，史稱「靖難之變」。

這場兵變戰爭持續了三年之久，雙方互有勝負，直到建文四年（1402），因明惠帝誤判情勢，使得戰情急轉直下。當時，何福、平安率領的中央軍大勝燕軍，徐輝祖也在齊眉山獲得大捷，眼見就能盪平造反的燕王。此時燕軍恐懼，計劃北歸，而明惠帝在未確定燕軍是否確實北歸的情況下，就召徐輝祖班師回朝，獨留何福孤軍奮戰，自然不敵燕軍，自此，中央軍日趨下風。隨後，在靈璧之戰、淮河之戰中，燕軍連戰皆捷，越戰越猛，中央軍多名大將兵敗被俘。明惠帝不得不下詔要求各地率兵勤王，但也無法阻擋燕軍的步步進逼。

最終，燕王朱棣率燕軍渡江，逼近南京應天府，谷王朱橞與中央軍將領李景隆大開金川門變節，致使燕軍輕易進入都城。之後，宮中起火，明惠帝就此下落不明。

關於明惠帝的下落，到現在仍是未定論的歷史謎團，有人說他在城破後便從地道逃亡，也有人說他離宮後出家為僧。在明英宗時期，甚至曾有人冒充明惠帝，後經查證不實，下獄而死。之後，中國各地也陸續有人聲稱曾和已出家為僧的明惠帝交往，但都缺乏佐證，難以辨明真偽。

明朝重要事件小檔案：太祖～惠帝

太祖朱元璋	
1368（洪武元年）	朱元璋即位，「洪武之治」開始。

1380（洪武十三年）	爆發「胡惟庸案」，廢宰相制度。
1382（洪武十五年）	爆發「空印案」。
	特務機構定名「錦衣衛」。
1385（洪武十八年）	爆發「郭桓案」。
1393（洪武二十六年）	爆發「藍玉案」。
1398（洪武三十一年）	朱元璋駕崩，朱允炆即位。
惠帝朱允炆	
1399（建文元年）	朱允炆行削藩政策，燕王朱棣起兵清君側，爆發「靖難之變」。
1402（建文四年）	燕軍攻入南京，朱允炆失蹤，燕王朱棣成功篡位。

第二章　走上富強的大明盛世 成祖～宣宗

　　明初，太祖統治時期明朝國力發展迅速，開啟「洪武之治」。儘管接任的惠帝因削藩引爆靖難之變，但藉機上位的成祖仍延續了明初的富強基礎，這段時期有「永樂盛世」的美稱；之後的仁、宣兩朝，亦有「仁宣之治」之美稱。總體而言，成祖到宣宗的統治期間，絕對是明朝最輝煌的黃金時代。

「瓜蔓抄」來咯：成祖朱棣

年號	永樂	在位期	1403～1424（22 年）

（取自維基共享資源）

- 武力 ★★★★★
- 智力 ★★★★★
- 魅力 ★★☆☆☆
- 政治 ★★★★★
- 外貌 ★★☆☆☆
- 特技 靖難 ＋ 誅十族 ＋ 東廠
- 評價 ★★★★★

　　明成祖朱棣（1360～1424），為太祖四子，明朝第三位皇帝。洪武三年（1370），朱棣10歲，受封為燕王。由於太祖的教養政策——讓皇子住進相對落後的老家鳳陽，因此他對民情頗有所知。

　　洪武十三年（1380），20歲的朱棣就藩燕京，多次受命參與北方抗元的軍事活動，戰功顯著，再加上太祖晚年，長子太子朱標、次子秦王朱樉、三子晉王朱棡先後去世，所以四子燕王朱棣不僅在軍事實力上名列前茅，就連在家族序位上都是諸王之首。

　　原本喜孜孜地準備在太祖死後繼承皇位的朱棣，萬萬沒想到，竟在半路殺出一個程咬金——皇太孫朱允炆，而父親竟然真的不傳位給自己，反而傳位給自己的侄子——年僅二十餘歲的朱允炆，這股氣很難忍。惠帝即位後，面對擁有獨立政治運作機構、軍事組織的叔叔們，直接採取了削藩政策，而其中最需要剷除的，當然就是勢力最大的四叔朱棣了。而朱棣也不是好惹的，他順勢起兵，援引《皇明祖訓》，直指惠帝身邊的齊泰和黃子澄是謀害皇室親族的奸臣，需要鏟除，號稱自己的舉動是清君側，也就是「靖難」（意指「平定災難」），開始了這場叔侄間的宗室相殘戰爭。

　　最後，建文四年（1402），燕王朱棣終於攻入南京。惠帝也在燕軍入宮後放了把火，把皇宮燒了，自己也下落不明。面對頭號大敵侄兒失蹤的窘境，朱棣反應迅速地隨

便在宮中抱起一具燒得焦黑的屍體，撫屍痛哭，說道：
「唉！姪兒啊！我來此是要輔佐你，扮演周公的角色的
呀！」之後就把這個無名屍當成惠帝厚葬了事。

　　然而，自古以來，不論是西漢初期的七國之亂，還是
西晉末年的八王之亂，所有的藩王叛亂在大一統的帝國
內，無一例外都是失敗告終，靠「靖難之變」上位的朱
棣，可說是唯一一個成功者。究竟朱棣的策略有何過人之
處，能讓他力抗舉全國之力平亂的明惠帝？

　　其實，朱棣除了擅長馬上征戰以外，也相當會攏絡人
心。他戰略的第一步就是攏絡他的弟弟們。前面說過朱棣
為太祖的第四子，而前三子都在太祖駕崩前去世，因此剩
下的藩王都是朱棣的弟弟。朱棣攏絡這些地方藩王弟弟的
方式，除了致上書信外，也常常親自拜訪，包括十三子代
王朱桂、十七子寧王朱權、十九子谷王朱橞都在他的攏絡
下投誠。其中，前面曾提到過的寧王朱權，他的朵顏三衛
就在朱棣南征的路上用鐵騎為其開道，立下顯赫的功勳；
此外，谷王朱橞也不容小覷，他一直潛伏在惠帝身邊，深
得惠帝信任，甚至在朱棣攻到南京城下時，還受命帶領軍
隊鎮守金川門，谷王朱橞也藉此「開門迎敵」，讓朱棣兵
不血刃地進了南京城。

　　此外，朱棣除了攏絡藩王弟弟以外，他也對宦官們著
手。惠帝像許多皇帝一樣，都把宦官視為奴才，對他們不
假辭色；朱棣則是溫和有禮地對待宦官，甚至以兄弟相

稱。朱棣在 20 歲前仍居於南京，他在這段時間時不時給予
南京宦官們賞賜，輕易收服了不少南京的宦官。而在靖難
之變爆發後，這些臣服於朱棣的南京宦官就偷偷將前線及
南京城的兵力部署情報轉交給朱棣，朱棣在情報蒐集方面
也就佔了上風。甚至在靖難之役後期，雙方軍隊在山東僵
持不下時，南京宦官捎來一份重要情報，告知朱棣中央軍
已傾巢而出，在山東以南至京城這條路上疏於防備。朱棣
因此分兵南下，自己帶領著一批精銳之師在這條路上高歌
猛進，最終兵變成功。

當朱棣意氣風發地踏入南京城時，翰林院編修楊榮出
迎，對他說：「殿下是要先謁陵呢？還是要立刻即位
呢？」這段話一語點醒朱棣，提醒他「吃相」要好看一
點。之後，即使諸王、群臣多次上表勸他登基為皇，朱棣
都直接拒絕。這樣半推半就、欲拒還迎的戲碼，大概持續
了一個月，之後朱棣才在諸王群臣、軍民耆老的擁戴下，
進謁孝陵（明太祖墓），並在當日即位，是為明成祖，年
號永樂。

明成祖登基後，大肆封賞隨著自己打天下的靖難功
臣。為了強調自己的正統性，他採取徹底否定建文年間各
項改革的路線。首先，他不承認建文年號，將建文元年至
四年改為洪武三十二至三十五年，次年改元為永樂元年
（1403），等於完全否定了惠帝的年號以及他的地位正統
性；再則，舉凡是在建文年間被貶的官員，一律恢復原

職；最後，建文年間從事的各項改革以及新制定的各項法律規定，只要與太祖時期相悖，就一律廢除。這也造成一些有利於民生的規定也被廢除，如建文二年曾下令減輕洪武年間浙西一帶負擔極重的田賦，至此回復重稅規定。

　　同時，為了穩住自己得來不易的江山，明成祖先後採取了一系列穩定政局的措施。首先，他開始下令誅殺忠於惠帝的大臣，不少舊臣被處死或被迫自盡，他們的親人因被牽連而死的很多，被流放、被逼作娼妓或用其他方式懲罰的人也不少。其中最慘的，莫過於惠帝最倚重的齊泰、黃子澄、方孝孺三人，他們無一不遭到滅族處分。此外，還有一位名為景清的御史大夫，原本準備與方孝孺相約殉國，沒想到方孝孺卻「先走一步」，被明成祖誅殺十族，這時，景清轉念一想，便假意歸順，實則暗藏武器意圖行刺明成祖，未料因事跡敗露而失敗，明成祖也果斷下令誅其九族、壞其祖墳，甚至連其老家的鄉親父老也全數殺光，可說是只要與景清有輾轉關聯的人都遭到株連之禍，始稱「瓜蔓抄」。

　　惠帝的行蹤成謎，這一直是明成祖的一根心頭刺。雖然明成祖在城破後，宣稱在宮中找到惠帝的屍體，但明成祖對侄子未死的傳言卻不敢掉以輕心。當時，傳聞惠帝的主錄僧（協助皇帝或親王作法事和尚群的首領）溥洽明知惠帝的下落，卻不上報，因此明成祖便用這個理由囚禁他十幾年，直到靖難功臣姚廣孝請求，才放了他。

　　為了根絕明惠帝後代反撲的機會，明成祖將侄子年僅兩歲的幼子朱文圭廢為庶人，並嚴加囚禁看管。明惠帝的三個弟弟也被降為郡王，其中較年長的朱允熥、朱允熞先被封在福建漳州和江西建昌，之後被召回京師，以「不能匡正建文帝」為由，被廢為庶人，並囚禁於鳳陽。只留下明惠帝最年幼的弟弟朱允熙給其父朱標奉祀，不久朱允熙也死於永樂四年的火災之中。

　　此外，所有忠於惠帝大臣所寫下的文字著作，一切都被銷毀，若被查到私自收藏者，殺無赦；在民間流通的詞曲、戲劇，也禁止諷刺時政的內容，只要有收藏、傳誦、印賣褻瀆帝王聖賢的雜劇，一律嚴格法辦。甚至為了加強自己的正統性，明成祖還下令銷毀惠帝時期的相關資料，並先後三次修改《明太祖實錄》的內容，及新作《奉天靖難記》，其中對亡故的長兄朱標及下落不明的侄子惠帝多加詆毀。

　　永樂初期，即位不久的明成祖，為了安撫為自己出錢出力的諸位藩王，以及表示自己和惠帝的不同，曾先後恢復了被惠帝廢黜的周王朱橚、齊王朱榑、代王朱桂、岷王朱楩等人的封地。但當他皇位鞏固後，也開始對藩王磨刀霍霍，實行削藩。原先恢復封王的周、齊、代、岷等王再次遭到削奪；又改封貢獻大批兵馬助自己兵變的寧王朱權於南昌；最後徙為自己打開南京城門的谷王朱橞於長沙，之後再以其密謀謀反為由，廢為庶人，囚於徽州。

　　明成祖的一系列削藩措施，大為削減諸王的封地和官署、軍隊人數，減少諸王壯大反撲的機會。另外，他也繼續施行太祖的遷徙富民政策，以加強對豪強地主的控制。

　　待全國局勢穩定後，明成祖為了加強對群臣的監控，先恢復了在洪武二十年（1387）因濫用職權、依勢作寵之態而被廢的錦衣衛；之後又在永樂十八年（1420）設立了以「東廠」為簡稱的「東緝事廠」。東廠是個由宦官執掌的特務機構，可說是專屬於君主的特務與秘密警察。東廠的長官是欽差掌印太監，多被下屬尊稱為「廠公」或「督主」。東廠的所屬官員，都由錦衣衛擔任。主要職責是監視各種政治勢力，並直接對皇帝負責，將監視結果直接上報給皇帝。面對一些地位較低的反動者，東廠可以直接逮捕或刑求；面對身分、地位較高的反對派，在得到皇帝或朝廷的授權後，也可以直接刑訊。

　　簡單來說，東廠是管理者，地位較高；錦衣衛是執行者。東廠與錦衣衛合稱「廠衛」，兩者交互合作，強化了君主的專制統治。由於東廠的執行手段殘酷，且時常為了向上位者邀功或圖謀不法私利而製造大量的冤案，因此在歷史上的評價很負面。

　　由上可知，明成祖利用誅殺惠帝朝大臣、控制思想、削藩、恢復錦衣衛、成立東廠等種種手段，來穩固他的政治地位，效果拔群。

　　相較於將重心擺在南方的太祖與惠帝，封地位於北平

（今北京）的明成祖，除了因國防考量而格外重視北方外，也因自己習慣北方的環境而對之難以忘懷，甚至在他於南京就任皇帝後，也常以攻打蒙古之類的理由留滯北京，一去北京就半年，甚至長達一、兩年都不回首都南京；即使無法藉故前往北京，他也時常要求御膳房以北方口味的佳餚供膳；最後，他於永樂七年（1409）開始營建北京天壽山長陵，把自己的長眠之地設在北方，這些舉措在在彰顯了他欲遷都北京的決心。永樂十四年（1416），北京宮殿（今北京故宮，即紫禁城）在明成祖的號令下開始五年多的修建行動，並在完工後正式遷都北京。

明成祖的為人，有些地方與父親太祖頗為相似。他們在整飭吏治方面「情有獨鍾」，且格外勤奮、節儉、體恤百姓、勤於政事。據記載，明成祖每天在凌晨四更天（凌晨 1 點到 3 點）起床，用過早膳後，便開始沙盤推演將在稍後早朝上所奏的國事。早朝後，他開始批改奏章，往往批閱到很晚。即使在熟睡時，只要有緊急的奏報送來，內侍都必須立刻叫醒他，否則就要受罰。

明成祖對自己要求嚴格，相對地，他也嚴格要求官員。他要求地方官必須深入體察民情，隨時向朝廷反映民間疾苦。為了更了解各地民情，永樂十年（1412），明成祖命令入朝觀見的五百多位地方官吏，各自陳述當地民情，並嚴懲不實報民間疾苦的地方官或中央派出的民情觀察員。同樣地，在對待異己手段之殘酷、殺戮之氾濫以及

彪炳的戰功，也都不讓父親太祖專美於前。

明成祖在位期間，曾有五件輝煌的事功，那就是──親征漠北、南征安南、平定南蠻、抵禦倭寇，以及遣使鄭和下西洋。

明成祖曾五次親征漠北地區。最初是因為蒙古部族韃靼的領袖阿魯台迎立元朝後裔本雅失里為可汗，明成祖為了要穩定北方邊境，在永樂七年（1409）先派郭驥出使韃靼，沒想到被本雅失里所殺，明成祖聽後大怒，立即以丘福為將，率十萬大軍征討韃靼，但因過於輕敵而大敗。受到這場敗仗的刺激，明成祖決心親征。次年（1410），明成祖率五十萬大軍親征，大敗韃靼，阿魯台降明，本雅失里改投靠同為蒙古部族的瓦剌。瓦剌和韃靼本來就有競爭關係，在韃靼遭明成祖討平以後，瓦剌就趁勢而起。瓦剌在永樂十二年（1414）發兵進犯明朝，明成祖再度親征，率領鐵騎深入敵陣，大敗瓦剌軍。瓦剌勢力遭受重創後，韃靼再度興起，除了污辱、居留明朝使臣，也再度騷擾明朝邊境，引起明成祖後續的三次親征。總體來說，明成祖五次親征漠北，雖然沒有徹底消滅蒙古殘餘勢力，但也使北方邊境氣氛為之一清，蒙古勢力一直到明英宗時期才逐漸死灰復燃。

至於南征安南國（今越南），遠在洪武年間就曾遣使招安南國入貢，並將其列為不征之國，甚至封其主陳日煃為安南國王。到了建文初年，安南國傳位到陳日焜時，被

屬下黎季犛殺害，並篡位為皇，並改回祖先的胡姓，明朝
不知此事，改封胡氏為安南國王，直到原皇室宗親陳天平
潛逃到明朝，胡氏弒主事件才曝光。永樂初年，明成祖遣
使向胡氏責問，胡氏假意提出「願迎陳天平返國」才撫平
明朝怒火，沒想到，當明朝五千兵馬護送陳天平來到安南
國邊境時，胡氏派兵截殺，成功殺死陳天平，明成祖因而
決心南征。永樂四年（1406），明成祖派兵南下，大敗安
南軍，並擒獲胡氏父子，成功吞併安南國。次年，由於安
南人民要求明朝直轄統治，明成祖遂在安南設置交趾布政
使司。後來先後在永樂六年（1408）、永樂十六年
（1418），安南地區都有亂事發生，但都很快被明朝派軍
弭平，維持基本的安定局面。

　　在西南邊疆部分（今四川、貴州、雲南、西藏一
帶），早在元代時就已經開始經營西南地區，在該地設置
府、州、縣、宣慰、宣撫等司，任用當地土酋為長官，稱
為「土司」，採世襲制。到了明初，也延續這個制度。直
到永樂十一年（1413），思南、思州兩地的土司互相仇
殺，不聽禁令。明成祖派兵平亂，並在該地設置貴州布政
使司治理之，自此貴州便成為中國內地。

　　至於倭寇之亂，早在明初中國沿海就出現大量由日本
武士組成的倭寇（海盜），他們囂張猖獗，常在中國沿海
燒殺擄掠。洪武十四年（1381）開始，明太祖就因倭寇猖
獗而下令實施海禁，禁止瀕海民眾與海外各國進行各種交

流。到了永樂時期，由於日本國內由室町幕府把持朝政，政治趨於穩定，因此遣使來明，希望能與中國恢復沿海貿易。明成祖同意在浙江、福建、廣東沿海設置三個市舶司，管理通商事務。為了表現誠意，日本也著手逮捕作亂的倭寇押至明朝。永樂十七年（1419），倭寇再度進擾遼東地區，明成祖派兵大敗之，倭寇恐懼，不敢再東擾，勢力暫被壓抑。一直到明世宗時期，倭寇之亂才又興起。

最後，就是最為著名的「鄭和下西洋」。鄭和為雲南人，進宮成為太監後，明太祖特賜姓鄭，世稱「三保太監」。鄭和從永樂三年（1405）開始頻繁出使西洋諸國，至宣宗宣德七年（1432）才結束最後一次航程，前後共計27年，共7次出海，歷五十多國，足跡遍布南洋群島和印度西岸各地，最西曾到達非洲東部。鄭和下西洋的原因，經後世歷史學家歸納為幾點──搜尋惠帝下落；組織海上聯盟對抗帖木兒帝國；發展國際貿易；宣揚明朝國威。

值得一提的是，鄭和早年是一位虔誠的穆斯林，他一直希望能前往聖地麥加朝聖，但由於自己只是一個小小的太監，只能留滯宮中服侍皇帝及宮人，因此這個夢想極難實現。直到明成祖把他招到跟前，給他一個光明正大出海的理由，這讓他欣喜若狂，更決心為明成祖鞍前馬後。鄭和前前後後共計出海7次，每一次都在朝麥加逼近，到了最後一次出海，鄭和總算在阿拉伯半島登陸，得以前往麥加朝聖，完成了一位穆斯林畢生的心願。

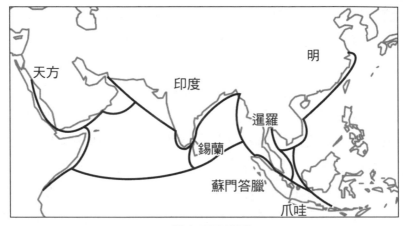

▲鄭和下西洋圖

　　鄭和七次下西洋的艦隊，異常龐大，船隻最多時高達百餘艘，少者也有四、五十艘。最大的船，長達44丈，寬達18丈。每次跟隨的士兵、人員，約為二至三萬人。隨團人員包含各種人才，以備不時之需，組織也很嚴密。所以七次出航，都不辱君命，成功宣揚明朝國威，因此而派使臣來朝者，高達三十餘國。

　　鄭和出使西洋，不僅是明代的大事，更是近代中國的大事，為世界航海史上的空前壯舉。他到達非洲赤道以南東海岸的時間，比義大利人哥倫布（Cristoforo Colombo）和葡萄牙人達伽馬（Vasco da Gama）發現新航路還要早半個世紀以上，總航程更高達七萬多海哩，足足能繞地球三圈。另外，值得注意的是，鄭和下西洋的壯舉也激起中國人往海外發展的企圖心和興趣，尤其是福建、廣東等地的

沿海居民，紛紛出海尋找自己的新天地；他們有的經商開礦，奠定日後華僑的經濟基礎，有的直接攻佔土地，自立為王，他們的後裔成為西歐的西班牙、荷蘭等國經略南洋時的勁敵。即使南洋在十九世紀時先後成為西方國家的殖民地，但卻難以撼動當地華僑的經濟實力。華僑在南洋地區經濟地位的穩固，其基礎是在明代奠定的。

接下來，就要來談談明成祖的文治了。

在明成祖即位之初，調和了洪武時期的「猛」與建文時期的「寬」，提出治國之道應「寬猛適中」的原則。他完善了文官制度，使大學士漸受親任，開始有「內閣」之稱，解決了太祖廢除宰相制度後行政機構的空缺。在經濟上，他注意社會經濟的恢復與發展，認為「家給人足」、「斯民小康」是天下安定的根本。在邊疆地區，他投注大量心力完善軍事屯田制度，以保證軍糧和邊餉的供給充足。在中原各地，則鼓勵人民開墾荒地，促進生產，防止農民破產。如果民間爆發災情，也要求官員要及時賑濟。透過這些措施，永樂時期經濟穩定，人民生活康樂，史稱「永樂盛世」。

明朝在永樂時期達到全盛，在政治穩定、經濟繁榮、邊疆穩定的情況下，明成祖在文化領域上締造了中國史上最大的一部百科全書《永樂大典》的修成。永樂元年（1403），明成祖特命內閣大臣解縉把廣蒐天下書籍，合編成《永樂大典》，以保存大量典籍。解縉將原來藏在南

京文淵閣中，一共五百多年來累積的藏書，依據經、史、子、集、百家、天文、地理、陰陽、醫卜、僧道、技藝等分類，合為一書，在永樂二年（1404）底獻給明成祖。但明成祖並不滿意這個結果，他的宏願是想把天下散佚的書全部找齊，於是又加派自己信任的靖難謀臣姚廣孝和解縉共同監修，把全國最有學問的人都找來加入編輯群，再調集國子監及各地郡學生員擔任繕寫工作，總共動員了兩千多人，不眠不休地趕了三年，終於在永樂五年（1407）定稿進呈，明成祖相當滿意，甚至親自為之題序。

《永樂大典》終於大功告成，全書近三萬卷，萬餘冊，近四億字，引書達七、八千種，且沒有任何刪節，忠實地保持書籍原始的內容，就連《大英百科全書》也稱它為「世界有史以來最大的百科全書」。明成祖集結文臣編纂《永樂大典》，開啟了「盛世修書」的傳統，是一個時代「文治」的象徵。可惜的是，《永樂大典》至今仍未找到全本，只有一些斷簡殘編散落在中國及歐美國家，總和不到《永樂大典》5%的內容，且全為手抄的複印本，並非原本。根據筆者研究，《永樂大典》應當存於至今仍未開放參觀，也未進行開挖整理的明世宗嘉靖皇帝陵園——永陵之中。

永樂二十二年（1424）七月，明成祖第五次御駕親征漠北戰役結束，率領北征大軍班師返京，行進到榆木川（今內蒙古地區）時，病重、昏迷不醒，數日後便崩逝，

享壽 65 歲，遺詔傳位太子朱高熾。隨侍明成祖的大學士楊
榮等人，因擔憂漢王朱高煦、趙王朱高燧趁機發動政變奪
嫡，遂秘不發喪，而是融軍中漆器為棺，裝入明成祖遺
體，每天還是照例貢餐、請安，並派人進京密報。太子朱
高熾得知後，立即派皇太孫朱瞻基迎喪，直到朱瞻基到達
軍營後，才開始發布帝崩消息，政權因此順利平穩過渡。

　　明成祖在位期間完善明朝政治制度，發展民生經濟，
開拓疆域，遷都北京，編修《永樂大典》，派遣鄭和出使
西洋，為明朝的政治、經濟、軍事、文化等各方面發展奠
定了基礎，文治、武功績效輝煌斐然。明成祖統治時期被
後世稱為「永樂盛世」，本人也被稱為「永樂大帝」。

肥胖是種原罪：仁宗朱高熾

年號	洪熙	在位期	1424～1425（10月）

（取自維基共享資源）

武力 ☆☆☆☆☆
智力 ★★★★☆
魅力 ★☆☆☆☆
政治 ★★★★★
外貌 ★☆☆☆☆
特技 運氣 ＋ 體弱 ＋ 肥胖
評價 ★★★★☆

　　明仁宗朱高熾（1378～1425），為成祖長子，明朝第四位皇帝。在永樂二十二年（1424）因父親成祖病逝而繼位，年號洪熙。

　　朱高熾年幼時穩重沉靜，善於言辭，喜好讀書，言行識度，心性溫良，深受祖父朱元璋喜愛。洪武二十八年（1395），他被太祖冊封為燕世子。當惠帝朝靖難事起，父親朱棣起兵，朱高熾則奉命鎮守藩地北平，期間曾以一萬兵力，阻擋五十萬中央軍圍攻，保住根基。

　　朱高熾身型肥胖，重達三百餘斤（約 180 公斤），但他並不像唐朝著名的胖子安祿山那樣靈活，能在皇帝面前用三百多斤的體型跳胡旋舞。他行動不便，走路總要兩個人攙扶才能起身，還總是跌跌撞撞，而且他的個性溫和，與驍勇善戰、霸氣十足的父親截然不同，因此不受父親賞識。也由於他的體型不便隨軍作戰，因此父親將他留在後方「顧家」。反而是次子朱高煦、三子朱高燧隨朱棣四處征戰，頗有乃父風範，非常受寵，甚至朱棣奪權成功、準備立太子時，都意圖立次子朱高煦為太子，只是因為朱高熾的燕世子地位乃太祖確定，且朱高熾亦無過錯，廢之無名，這才作罷。

　　在靖難時期，惠帝曾施離間計，修書〈賜世子書〉一封，爭取當時還是燕王世子的朱高熾歸順朝廷，朱高燧的人馬知道此事後，便直接密告朱棣「朱高熾意圖謀反」，幸好朱高熾在接到書信後，原封不動地呈給父親，這才使

惠帝的反間計失敗。

剛剛前面說過，成祖即位後，在立太子的問題上相當糾結。對於長子朱高熾的臃腫身材及仁弱個性相當不滿，差點就「廢長立幼」，立深得己心的次子朱高煦為太子。這時，朱高熾溫和儒雅的個性讓他拉攏到一批朝廷文官支持，其中就有深受成祖信任，主編《永樂大典》的內閣官員解縉。解縉就在成祖苦惱的時候「不經意」地提起三個字——好聖孫。這讓成祖想起了自己一直賞識的長孫朱瞻基，他的父親正是朱高熾，成祖想了想，終於在永樂二年（1404）鬆口同意立朱高熾為太子，並不斷地或明示、或暗示地要求朱高熾在即位後，必須立孫子朱瞻基為太子。

解縉用來說服成祖的「好聖孫」一詞，就這樣一直傳到了清朝，康熙帝在廢掉太子後，一直苦惱該立哪個兒子為太子，大臣又再次提起「好聖孫」三字，點醒了康熙帝，一眼相中孫子愛新覺羅弘曆，也就是之後的乾隆帝，往族譜上一對照，果斷立了雍正帝為太子。由歷史可見，康熙帝確實做了一個英明的決定，這才使清朝出現百餘年的「康雍乾盛世」。

讓我們回到明朝歷史，成祖屢次率兵北伐漠北之時，均命太子朱高熾監國，負責國事，讓他能藉機累積自己的政治實力。一方面，朱高熾喜愛和大臣商討國事、經史，作風以穩健、溫和著稱，深受朝中大臣支持；另一方面，當時全國受戰爭及天災影響，水旱災、饑荒嚴重，他派遣

官員賑災撫恤，獲得百姓一致推崇與肯定。

面對皇位鬥爭問題，朱高熾一貫的態度就是「以不變應萬變」。眼見成為太子的希望落空，一直深受寵愛的朱高煦心有不滿，夥同三弟朱高燧離間父親和大哥的感情。成祖就曾問朱高熾：「你知不知道有人從中挑撥我們的父子情？」朱高熾都避重就輕地回答：「不知道，我只知道盡兒子的本分。」除了設下離間計外，朱高煦還私養了許多武士，意圖不軌，還好大臣楊士奇、徐皇后說服成祖削奪朱高煦的部分護衛，強令他就藩樂安，兩兄弟的兄弟之爭才算暫告一段落。誰知，一直不在太子考慮名單裡的三子朱高燧，其實也很不甘心，曾密謀刺殺成祖、矯詔即位，在有人告密下，事蹟敗露才被抓，事後，也因為朱高熾為朱高燧求情，成祖總算沒有再追究。由於朱高熾面對帝位的從容與大度，他的地位愈來愈穩固。到了永樂二十二年（1424）成祖駕崩，朱高熾即位，是為明仁宗，下令以次年為洪熙元年（1425），冊封自己的太子妃張氏為皇后，立長子朱瞻基為太子。

明仁宗即位後，虛懷納諫，大赦天下，減輕刑罰，開始了一系列的改革措施。

首先，他赦免了成祖時懲處的惠帝舊臣和遭到連坐流放的官員家屬，又平反許多冤獄，減少刑罰，實行寬政。在政治上選用賢臣，任命三楊——楊榮、楊士奇、楊溥輔政，並進一步提升內閣地位，時常召集閣臣密議國家大

事。明仁宗善於納諫，曾給親近的大臣楊士奇等人一枚小印，鼓勵他們進諫，因此洪熙年間的政治相對清明，朝臣也可以較自由地抒發己見。

經濟上，明仁宗採取了一系列減少國家開支的措施，包括──罷免宮廷宴樂、暫停鄭和下西洋、停止皇家採辦珠寶，並打算遷都回南京，以減少漕運支出。他以唐太宗為楷模，愛民如子，下令減免賦稅，對於災區無償施以賑濟，甚至開放部分山澤供農民漁獵。思想上，他崇尚儒學，褒獎忠孝，在他統治期間，儒家思想得到了充分的發展。他還在京城建立弘文館，常與儒臣談論經史。外交上，丁闐、琉球、占城、哈密、古麻剌朗、滿剌加、蘇祿、瓦剌等鄭和曾出使過的國家，仍繼續稱臣入貢。

他在位期間，採取的一系列改革，都使人民得以休養生息，也讓明朝進入穩定發展的時期，建立「仁宣之治」的開端。可惜的是，明仁宗在位不到一年，就去世了。

洪熙元年（1425）五月，明仁宗突然逝世，享年 48歲。他從登基到去世，在位時間將近十個月。直至去世前3天，他還埋首於朝政，而史書上對他的死因也沒有著墨。因此，對於明仁宗之死，後世多所猜測，大概有以下幾種說法。有人認為，他是被大臣李時勉氣死的；據記載，明仁宗相當好色，大臣李時勉上奏勸其「謹嗜慾」，亦即收斂慾望，他看到奏摺後勃然大怒，當場廷杖李時勉，打斷其三根肋骨還不解氣，此後，原本就體弱多病明仁宗就因

怒急攻心而臥病在床，一直到他臨終前，都還對身邊的人說李時勉羞辱他。另有一說，明仁宗因縱慾過度而得不治之症，為了治療而服用丹藥，因而中毒身亡。最後，還有一說認為，明仁宗是被他的長子朱瞻基害死的，目的是為了要早日即位。當然，實際上明仁宗到底是怎麼死的，直到現在仍是歷史之謎。

爺爺替我鋪好路：宣宗朱瞻基

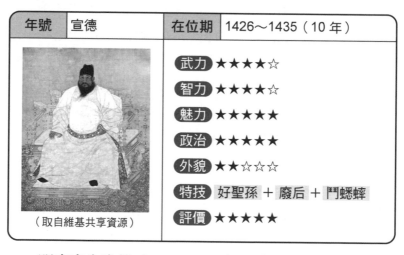

年號	宣德		在位期	1426～1435（10 年）

武力 ★★★★☆
智力 ★★★★☆
魅力 ★★★★★
政治 ★★★★★
外貌 ★★☆☆☆
特技 好聖孫 ＋ 廢后 ＋ 鬥蟋蟀
評價 ★★★★★

（取自維基共享資源）

　　明宣宗朱瞻基（1399～1435），在洪熙元年（1425）即位，為仁宗長子，明朝第五位皇帝，年號宣德。

　　相傳朱瞻基剛滿月的時候，成祖一見到小瞻基，就覺得他長得跟自己很像，英氣十足，所以他一眼就相中這個小孫子。朱瞻基在永樂九年（1411）就被成祖立為皇太

孫。成祖極其用心地培養這個小接班人，除了親自挑選文臣擔任朱瞻基的老師外，他幾次遠征漠北，也都把朱瞻基帶在身邊，藉機教導他如何帶兵遣將。甚至連仁宗被立為太子，多少也跟成祖喜愛這個小孫子有關。誰知仁宗的皇位還沒有坐熱，十個月之後就去世了，有一說是仁宗的死跟宣宗急欲上位有關，但仁宗死因至今仍為未解之謎。

宣宗當政十年，在各方面完成不少的改革措施。

首先，明宣宗在宣德元年（1426）平定叔叔漢王朱高煦的叛亂。明朝藩王尾大不掉的問題，歷經惠帝、成祖、仁宗三朝都沒能得到根本解決。成祖次子漢王朱高煦一直都沒有放棄爭奪王位，在大哥仁宗繼位十個月驟逝後，他眼見造反時機正好，便學父親成祖一樣立起「靖難」旗幟，矛頭直指五朝老臣夏原吉。但明宣宗在大臣楊榮的建議下御駕親征，勢力強壓叛軍，直接生擒二皇叔朱高煦，將他押回京師囚禁。沒想到朱高煦被囚三年後，明宣宗於心不忍前往探視，卻被朱高煦伸腳絆倒，明宣宗大怒，令左右侍衛拿來一口大鼎，將朱高煦罩進鼎中，活活燒烤致死，就連朱高煦的諸子也不放過，全部處死。在解決了二皇叔的叛亂問題後，明宣宗馬上傳召三皇叔朱高燧，暗示他交出兵權，朱高燧見時不我予，乖乖交出兵權，也讓明初延續近半世紀的藩王問題在此完美落幕。

在治國之道上，明宣宗注重體恤民情，與民休息。他持續推行自太祖洪武時期以來的移民墾荒的政策，發展農

業生產。他也非常愛惜民力，在他統治的十年間，曾多次下旨為民解困，免除徵調民力採木、採珠，也多次減免稅額。宣德五年（1430）三月，明宣宗出巡時路經農田，看見田間有農民正在耕作，便下馬詢問農作物的生長情形。他一時興起，就拿起農具犁地。才推幾下，他就停下來，轉頭對大臣說，我只是推了三下就有勞累的感覺，更不用說農民終年勞作的辛苦了，說罷就命人賞賜農民錢鈔。由此可見他愛民如子的溫厚性格。

在行政體系上，內閣制度發展也漸趨成熟。明宣宗開始命內閣大臣先用小票書寫意見，黏貼在奏疏表面後，再交由皇帝裁奪，稱為「條旨」，又稱「票擬」。如果皇帝同意票擬上的意見，就用紅筆批出，令臣子照此行事。但遇到大事，皇帝還是得召集閣臣面議。

明宣宗與其父一樣知人善任，周圍人才濟濟，主要的大臣有五位——夏原吉、蹇義，以及三楊（楊士奇、楊榮、楊溥），其中三楊也身兼大學士，為內閣成員。這五人除了各有專長，他們也識大體、顧大局，能以國家大事為重。明宣宗對這幾位重臣十分信任，對於他們提出的建議總是虛心接納，君臣之間的關係融洽。君臣通力合作也使得當時政治清明，社會安定，百姓安居樂業，經濟得到空前的發展，承繼仁宗時期「仁宣之治」的局面。明宣宗也整頓政府機關，罷免「貪津不律」、「不達政體」、「年老體疾」的官員，實行精簡和裁減冗員的措施，以振

朝風。在用人方面也限制入仕人數，實行保舉和欠任（缺額不補）制度。

在外交方面，為了休兵養民，明宣宗一改永樂時期的擴張政策，對北方採安撫措施，還主動從安南國（今越南）撤兵，節省軍費開支，減輕人民的負擔。

早在成祖時期，安南境內就有各式動亂發生，明宣宗即位後，安南問題日趨嚴重，他認為遠征無益於國力發展，只是徒然增加財政負擔與人民疲憊感罷了，所以他決定從安南撤兵。宣德二年（1427），明宣宗冊封陳氏後裔為安南國王，罷交趾布政使司，終明一朝，安南皆為藩屬國，朝貢不絕。撤兵安南雖在當時曾引起了不小的爭議，但從長遠歷史發展來看，明宣宗的決策是正確的，遠征安南既不利於經濟發展，也不利於社會安定。

宣德五年（1431），明宣宗眼見登基已久，但海外各國還未派出使臣朝貢，遂再次命鄭和出使，他率領兩萬七千餘名官兵，六十多艘船艦啟航，開始第七次下西洋之行。返航期間，鄭和因過度勞累，於宣德八年（1433）四月，於印度西岸古里去世，後來船隊由太監王景弘率領返航，於七月歸國。這也是明朝最後一次遣使下西洋。

明宣宗在中國歷史上還有一個偉大的建樹——奠定了現代法學基礎，亦即《刑法》的「無罪推定原則」及「罪刑法定主義」。明宣宗為了要讓人民能安居樂業，因此極力避免發生冤獄事件。在「無罪推定原則」下，只要無法

百分之百證明犯人犯罪，就應該無罪開釋；「罪刑法定主義」則強調法律條文應該明確規範犯人所犯之罪條及刑罰。其實這兩大《刑法》原則早在《大明律》中就具備，只是由明宣宗加以發揚光大罷了。

此外，明宣宗還落實了「登聞鼓制度」，在各大城市的朝堂外設置大鼓，光是北京就設置了足足四面大鼓，其中一面還坐落在皇宮大門外，敲擊這面鼓的鼓聲甚至能讓皇帝都聽見。登聞鼓就類似於現在地檢署外的申告鈴，只要人民受到冤屈，就可以前往擊鼓鳴冤。

在明宣宗君臣的不斷努力下，明朝在社會、經濟上獲得進一步的發展。對外實行安撫政策，自安南撤兵，使得久經戰亂的明朝得到穩定發展的環境。對內壓抑藩王的反叛，強化皇權。在內政上，任人得當，吏治清明；愛惜民力，與民休息，重視農業，鼓勵墾荒，都使人民得以安居樂業，社會財富迅速積累起來。所以，宣德年間可以說是明朝財政累積最豐厚的時期，進入了歷史上有名的「仁宣之治」。

明宣宗在政治上的舉措，多為後世讚賞，但有一項令人詬病的措施。明朝初年太祖鑑於歷朝「宦官干政」的現象，因而特別規定「內臣不得讀書識字」。但因之後的明朝宦官多由藩屬國進貢或由各地罪犯家屬充任，所以語言溝通多有隔閡。既然無法用語言溝通，只好統一使用文字，因此宣德元年（1426），明宣宗下令設置內書堂，命

朝臣教導年幼的宦官數百人讀書識字。此舉在無意間開啟了明代宦官干政的先兆,尤其在神宗之後,因氣候變遷與天災頻仍,大量貧民自宮以換取入宮謀職的機會,萬曆至崇禎年間,將近七十載,入宮的宦官總額高達三萬人,使得教導宦官讀書這一個偶然,與後來諸多因素加成,造成明朝覆滅的必然。

最後,要跟大家提幾個明宣宗生命裡的插曲。

首先,是廢后大事。明宣宗想立與自己感情深厚的貴妃孫氏為皇后,便暗示胡皇后,讓她以生病為由,自行辭去皇后之位。胡皇后也很配合,明宣宗因此得以在宣德三年(1428)改立孫氏為皇后,讓胡氏居住於別宮。但明宣宗並沒有因此虧待胡氏,日常生活仍給予相當的禮遇,甚至太后張氏也常因憐憫胡廢后而常與之往來,每到宴會,亦命她居於孫皇后之上。

其次,是休閒生活。明宣宗是一個有較高文化素養的皇帝,在位期間宮廷文化鼎盛。他愛好寫詩作畫,留下不少作品,興之所致,常常揮毫潑墨,寫詩作畫,並賞賜給大臣。因上行下效之故,宮廷內因此聚集了一批宮廷畫家,形成宮廷畫派,影響了中國書畫史的發展。此外,他最喜歡的娛樂就是鬥「促織」(又稱蟋蟀、蛐蛐),因此明宣宗有「蛐蛐皇帝」、「促織天子」的稱號。明宣宗對鬥蟋蟀之瘋狂,也在全國上下帶起一股「鬥蟋蟀」的風潮,蟋蟀的價格也跟著扶搖直上,甚至明宣宗還因覺得京

城的蟋蟀體弱，而派遣宦官四處採辦。某次，他聽說蘇州專出強健的蟋蟀，特別命令蘇州知府協助宦官採辦一千隻蟋蟀；據說當地有一個糧長好不容易用一匹馬換了一隻好蟋蟀，準備在上朝後進獻給皇帝，不料蟋蟀在拿給妻妾觀賞的時候跑掉了，妻妾自知闖禍，引梁自盡，這位糧長眼見家破人亡，也跟著上吊而死。後來清朝蒲松齡根據這個故事情節，稍加改編，寫成了《聊齋誌異‧促織》這個名篇，這篇裡說到的皇帝正是明宣宗。此外，明宣宗還很愛吃美食，尤其是朝鮮豆腐，他為了經常吃到朝鮮女廚師做的朝鮮風味豆腐，還寫信給朝鮮國王，索要女廚師。

宣德十年（1435），明宣宗染上不明之症，不久後死於乾清宮，享年38歲。之後由太子朱祁鎮繼位，即英宗皇帝。

明朝重要事件小檔案：成祖～宣宗

成祖朱棣	
1402（建文四年）	燕王朱棣兵變成功，篡位為皇。
1403（永樂元年）	「永樂盛世」開始。
1405（永樂三年）	遣使鄭和第一次下西洋。
1407（永樂五年）	修成《永樂大典》。
1420（永樂十八年）	遷都北京。
1424（永樂二十二年）	朱棣病逝榆木川，朱高熾即位。

仁宗朱高熾	
1425（洪熙元年）	朱高熾崩逝，朱瞻基即位。
宣宗朱瞻基	
1426（宣德元年）	平定「高煦之亂」。
	設置「內書堂」，宦官始能讀書識字。
1428（宣德三年）	廢胡皇后，改立孫氏為后。
1430（宣德五年）	遣使鄭和第七次下西洋。
1435（宣德十年）	朱瞻基崩逝，朱祁鎮即位。

第三章 土木堡之變與中興 英宗～孝宗

明朝進入中期，宦官的權力開始逐漸膨脹，揭開了宦官亂政的序幕。明英宗便是在宦官王振的勸進下親征瓦剌，才發生了差點斷送明朝江山的「土木堡之變」。這段時期明朝靠著先人打下的基礎，加上明孝宗的勤奮治國，創造「弘治中興」，天下尚稱太平，百姓仍可安居樂業。

二次為皇的傳奇：英宗朱祁鎮

年號	正統 天順	在位期	1435～1449（14 年） 1457～1464（8 年）

（取自維基共享資源）

武力 ★☆☆☆☆

智力 ★★☆☆☆

魅力 ★★★★☆

政治 ★★★☆☆

外貌 ★★☆☆☆

特技 寵信宦官 ＋ 復辟 ＋ 廢殉葬

評價 ★★★☆☆

　　明英宗朱祁鎮（1427～1464），為宣宗長子，明朝第六位皇帝。因為他曾被迫退位又復辟，因此先後使用了正統（1435～1449）和天順（1457～1464）兩個年號，在「一帝一號」的明朝皇帝間迥然不同。關於朱祁鎮的生母，主要有兩種說法——一說為《明實錄》所言，乃由孫皇后親生；另一說則是《明史》的主張，指為身分不明的宮女親生，由孫皇后撫養。就筆者觀點，當以《明實錄》所言為是。從編纂時間來說，《明實錄》為明朝歷代官修的史書，時間較《明史》這部清初才開始蒐集資料編纂的史書來得有公信力。無論如何，這位由宣宗心中的「白月光」孫皇后所撫養的長子，自然是宣宗萬般寵愛的焦點，僅出生4個月，就被立為太子。

　　宣德十年（1435），宣宗駕崩，太子朱祁鎮即位，改次年（1436）為正統元年。明英宗即位時才9歲，依照宣宗遺詔，政事需請示太皇太后張氏（仁宗皇后）才能決定，並由三楊（楊士奇、楊榮、楊溥）輔政，因此初期朝政還算穩定。正統六年（1441），明定首都為北京，結束南京名義上的首都地位。正統七年（1442），太皇太后張氏過世，三楊也相繼因過世或年老淡出政壇，朝政大權便集中在宦官王振手上。

　　明朝的國勢和明英宗的命運，都因為王振得寵而轉變。王振是明朝第一位操弄政權的宦官，他在宣德年間成為宦官，被選入內書堂讀書，並貼身侍奉當時還是太子的

朱祁鎮，王振相當聰穎機敏，很得朱祁鎮寵信。當朱祁鎮從太子成為皇帝後，便命王鎮執掌司禮監。司禮監乃初設於太祖時期，主要負責宮中禮儀、宴會、御賜書畫一類事務的機構，到了宣宗以後，司禮監職權變重，內外奏章都由司禮監的掌印太監管理，就連皇帝降旨，也是由司禮監的宦官隨侍撰寫大要，才交給閣臣擬稿。因此，司禮監的權力已逐漸超越內閣，閣臣若想掌握實權、有所作為，都必須與宦官相交，藉此爭取他們的支持或減少阻力。在太皇太后、三楊陸續退出政壇後，王振開始作威作福——巴結他的朝臣可輕易升官，牴觸他的朝臣則難逃入獄或死劫的下場，不少正義之士都死在他的操弄中。

此外，王振為了建立屬於自己的功績，曾經慫恿明英宗發動兩次對外戰爭，對明朝國力影響甚鉅。

首先，在正統六年（1441），明英宗在王振的影響下，大舉興兵討伐麓川（今雲南）的土司思任發，之後又接連爆發了數次戰役。雖然戰役多在領兵將領戰略運用得宜下慘勝，但明朝也因此兵疲馬困，無力防禦北方逐漸崛起的蒙古瓦剌部，甚至明軍的無能及浪費也因此被西南諸省的土司看見，引起多次土司起兵或叛亂事件。

接著，就是正統十四年（1449）發生的「土木堡之變」，這場戰役幾乎斷送了明朝的半壁江山。當年七月，瓦剌首領也先以「明朝刁難貢使」為由南侵，邊境守軍連戰連敗。因明軍的敗退，戰火逐漸逼近王振的家鄉，王振

因此提議由明英宗親征來振奮軍心。明英宗因此調集五十萬大軍御駕親征，並命皇弟郕王朱祁鈺留守京師。由於事發倉促，兵備物資準備不足，率軍將領又受王振掣肘，造成明軍一再戰敗，士氣低迷，甚至在行軍到半路時就開始缺乏糧草。瓦剌軍則佯裝敗退，吸引明軍深入敵陣，最後明軍在停滯於土木堡（今河北懷來縣內的一處碉堡）時，被瓦剌軍四面圍殺，五十餘位明朝文臣武將陣亡。明英宗眼見突圍不成，下馬南面而坐，不久便被瓦剌軍俘虜，王振也在亂軍中被護衛將軍樊忠殺死。

前文曾說到，朱祁鎮在4個月大的時候就被立為太子，受宣宗寵愛。在朱祁鎮剛會說話的時候，宣宗曾把他抱在腿上問：「如果有人作亂，你敢不敢親自討伐？」年幼的朱祁鎮反射性地回答：「敢！」沒想到一語成讖，朱祁鎮即位後，真的御駕親征，但卻因此被敵人俘虜。「土木堡之變」逼得明朝差點南遷，而皇帝被俘，更使天朝威嚴盡失。此後，明朝朝政更難以擺脫宦官的干涉，「宦官干政」更可說是大明王朝萬劫不復的罪魁禍首。

明英宗被瓦剌俘虜將近一年的時間，據說這位淪為俘虜的皇帝是個殺不死的人，這讓瓦剌相當頭疼。瓦剌首領也先想用劍殺死他，結果劍卻斷了；想淹死他，結果他卻浮在水面上；想趁夜襲擊殺他，沒想到才剛準備啟程，也先的坐騎卻被落雷劈死。這些傳說都象徵著這位真命天子命不該絕，增添不少明英宗的傳奇色彩。

原本瓦剌抓到明英宗很興奮，認為可以藉此威脅明朝，讓明朝無限制地提供物資和錢財。但皇太后孫氏（英宗母親）反應迅速地立明英宗之子朱見深為太子，並命原先留守京師的郕王朱祁鈺監國。之後掌握軍權的大臣于謙等人也在遲遲等不回明英宗的情況下擁立郕王，郕王即位，是為代宗，並改次年（1450）為景泰元年，尊明英宗為太上皇帝。

隨後，瓦剌也先挾持明英宗南下進攻北京，明朝由大臣于謙率兵固守，雙方爆發北京保衛戰，也先屢戰屢敗不得已只得退兵。瓦剌發現難以藉明英宗得利，因此瓦剌提出議和，準備送返明英宗。這對即位不久的代宗來說是個噩耗，遲遲不批准接回明英宗之事。沒想到，在土木堡之變中倖存的禮部侍郎楊善在沒有重寶能贖回明英宗的情況下，利用他能言善辯的口才說服了也先，讓明英宗順利歸國。當時舉朝上下都大讚楊善之功，只有代宗不悅地以「並無下旨」之由，未予重賞。明英宗回國後，代宗就把這顆燙手山芋軟禁在南宮，並命錦衣衛嚴加防守。

景泰三年（1452），代宗更改立自己的兒子朱見濟為太子。明英宗被軟禁於南宮的時期，飲食常缺，又不得禮遇，全賴錢皇后的幫助才得以度日。後來，即使太子朱見濟夭折，代宗仍不同意恢復朱見深的太子身分。

在江山面前，並沒有所謂的「兄弟情深」及「手足之情」。宣宗窮極一生也只有朱祁鎮（英宗）和朱祁鈺（代

宗）兩個兒子，他臨終前，還特別囑托孫皇后要好好照料
朱祁鈺母子。明英宗登基後，對朱祁鈺母子也是照顧有
加，不但對朱祁鈺母親吳氏極為恭敬，逢年過節，更大肆
賞賜弟弟朱祁鈺。往日兄弟情，在此時已是過眼雲煙。

　　景泰八年（1457）正月，代宗重病。朝臣石亨、徐有
貞和宦官曹吉祥等人勾結，擁明英宗復辟，史稱「奪門之
變」。重病的代宗被廢為郕王，囚於西內，不久後去世。

　　明英宗復辟後，以「謀逆罪」殺兵部尚書于謙、大學
士王文，復立朱見深為太子，賜王振祭葬，並為他立祠。
關於遭到誅殺的于謙，他在土木堡之變後及時阻止瓦剌鐵
騎踏破京師，另外也有功於迎明英宗歸國，因此明英宗一
直不忍殺他，閣臣徐有貞則為了「讓奪門之變師出有名」
而力勸處死于謙，明英宗這才下令處死他。據聞，當錦衣
衛奉命沒收于謙的財產時，進入府第才發現于宅中並無多
餘的財物，破壞了正室中牢固的大鎖後，裡面整齊地放置
著皇上賜下的衣袍、劍器和銀錠，分毫無動，讓人不勝唏
噓。明英宗在晚年也相當後悔處死于謙。

　　明英宗很珍惜二度執政的機會，他勤於政事，任用李
賢、彭時等賢臣，並先後以「擅權專橫、結黨謀反」的名
義懲治石亨、徐有貞、曹吉祥等人，政治頗為清明。他更
釋放被囚於宮中五十餘年的惠帝幼子朱文圭，提供其生活
所需；並聽錢皇后之言，恢復前朝胡廢后的位號。還實行
「優老之禮」的養老政策——免去 65 歲以上的長者差役，

放糧供養 70 歲以上的長者，加倍 90 歲以上長者的奉養津
貼。在其病危臨終之際，更取消了自太祖以來的宮妃殉葬
制度，使慘無人道的「殉葬制」終於落下帷幕。

此外，根據當時的大學士李賢的分析，若明英宗想拿
回帝位，其實沒有發動「奪門之變」的必要。由於代宗只
有獨子朱見濟，並已於景泰四年（1453）夭折，而擁立明
英宗孫太后仍在世上，所以帝位遲早還是會回到明英宗手
中，根本不需要奪門，因此，「奪門」實際上只是徐有貞
一幫人自編自導自演的戲罷了，目的是為了要升官發財。
明英宗聽罷恍然大悟，當即下令宮中不得再使用「奪門」
一詞，並且罷除因奪門之變而晉升的一切官職，疏遠徐有
貞、曹吉祥、石亨等人。

最後，讓我們來談談明英宗和錢皇后情比金堅的感情。

當明英宗因土木堡之變被瓦剌俘虜後，錢皇后著急地
拿出私房錢當贖金，請瓦剌首領也先釋放明英宗，想當然
耳，也先不會輕易放過這個剛到手的搖錢樹，也不會拒絕
送到面前的贖金，因此人財兩空。之後，錢皇后眼見孫太
后及大臣都支持朱祁鈺繼位，深知明英宗大勢已去，不僅
帝位被剝奪，更可能客死異鄉；權力、人馬、錢財都沒有
的她，只能天天跪地祈禱，祈求明英宗一切平安，結果腿
因多次跪拜而跛了，眼睛也因此哭瞎了。等明英宗奇蹟似
地歸國後，她已經是一個瘸腿瞎眼的老婦，但歷劫歸來的
明英宗卻對她相當憐惜，並不在意她的外貌。當時，明英

宗雖被尊為太上皇，但卻常被代宗剋扣日常所需，甚至得靠錢皇后紡紗賣錢，才能勉強餬口度日。由於錢皇后無子，復位的明英宗擔心自己死後，即位的兒子會對並非自己生母的錢皇后不敬，所以在遺詔強調「錢皇后死後需與他合葬」。後來，錢皇后死後，周太后（憲宗生母）果然不想讓她和明英宗合葬，但礙於朝臣抬出先帝遺詔才終於鬆口，以「改變英宗的陵寢設計」為交換，除讓錢皇后與明英宗合葬外，更為自己打造陵寢，附葬裕陵中。此後，明朝皇帝陵寢開始出現一帝兩后或多后的格局。

　　天順八年（1464），明英宗駕崩，結束他曾被俘虜、二次執政的傳奇一生，享年 36 歲。

我只是個備胎：代宗朱祁鈺

年號	景泰	在位期	1449～1457（8 年）

（取自維基共享資源）

武力	☆☆☆☆☆
智力	★☆☆☆☆
魅力	★☆☆☆☆
政治	★☆☆☆☆
外貌	☆☆☆☆☆
特技	寵信宦官 ＋ 被廢
評價	☆☆☆☆☆

　　明代宗朱祁鈺（1428～1457），年號景泰，為宣宗次子、英宗之弟，明朝第七位皇帝。

　　在英宗即位之後，便封朱祁鈺為郕王。正統十四年（1449），發生土木堡之變，英宗被俘。皇太后孫氏命英宗之弟郕王朱祁鈺監國，不久大臣于謙等人擁立朱祁鈺即位，是為明代宗，並尊英宗為太上皇帝。

　　明代宗即位後不久，瓦剌與明朝議和，釋放英宗。甫即位的明代宗雖不希望英宗回國，但事已至此，只得把他軟禁在南宮，令錦衣衛嚴密控管，將宮門上鎖並灌鉛，日常所需用度只能從門旁的小洞遞進去。

　　景泰三年（1452），明代宗廢太子朱見深（英宗長子）為沂王，改立自己年僅 4 歲的兒子朱見濟為太子，並廢皇后汪氏，改立妃杭氏（朱見濟之母）為后。次年（1453），太子朱見濟夭折，明代宗沒有其他兒子，左右親信很擔心有人藉機提議復立朱見深為太子；另外也有部分官員圖謀使英宗復位。因此朝堂上遂形成兩大陣營相互角力、爭鬥，兄弟裂痕日深。

　　景泰八年（1457）年初，明代宗身染重病，宿於南郊齋宮。朝臣石亨、徐有貞等人勾結宦官曹吉祥，成功擁立英宗復辟，改景泰八年為天順元年（1457），史稱「奪門之變」。

　　英宗再度即位後，明代宗被廢為郕王，軟禁在西內，一個多月後去世，得年 28 歲。代宗的死因不明，有一說是

英宗命令宦官蔣安用布帛把明代宗勒死。英宗怨恨弟弟的刻薄無情，因此在他死後，定其諡號「戾」，稱郕戾王，「戾」有凶狠暴烈、罪過之意，貶意十足。之後英宗又以「死時並非皇帝」之名，剝奪明代宗葬於皇陵的權利，因此英宗最後以「親王禮」將弟弟葬於景泰陵中。明代宗也是明朝除了南明皇帝以外，唯三未葬於明十三陵的明朝皇帝（一位是太祖，葬於南京；另一位是惠帝，因下落不明而無陵寢）。

我愛上了保母：憲宗朱見深

年號	成化	在位期	1464～1487（24 年）

（取自維基共享資源）

- 武力 ★★★★★
- 智力 ★★☆☆☆
- 魅力 ★★☆☆☆
- 政治 ★★★☆☆
- 外貌 ★★☆☆☆
- 特技 武功卓越 ＋ 西廠 ＋ 姐弟戀
- 評價 ★★★☆☆

　　明憲宗朱見深（1447～1487），為英宗長子，明朝第八位皇帝，年號成化。朱見深原名朱見濬，在他 3 歲的時候，父親英宗在與瓦剌的交戰中被俘，史稱「土木堡之

變」。此後他的叔叔朱祁鈺繼位，是為代宗，朱見濬當時雖被立為太子，但在代宗地位穩固後，便改立自己的兒子朱見濟為太子，改封朱見濬為沂王，直到他 11 歲時，父親英宗復辟，朱見濬才又成為太子，並改名為朱見深。

明憲宗仁慈敦厚的性格，展現在他處理代宗身後事的態度上。曾有名為黎淳的官員提議追究代宗廢太子之事，但明憲宗卻以「這已是過去的事，無需追究」的說法，揭過了這件事，展現一位仁君的泱泱大度。

成化初期，明憲宗勵精圖治，任用大批賢臣，政治頗為清明。在軍事方面也有所建樹，對內平定了荊襄地區（今陝西、河南、湖北一帶）的流民起義，在當地設立鄖陽府，讓流民可以直接設籍當地，恩威並施之下，解決了長年來的流民問題；另外，也鎮壓了藤峽盜亂，讓兩廣地區的百姓安居樂業二十餘年。對外，明憲宗也成功抵禦了韃靼、瓦剌等邊疆蠻族的進攻。

說完了明憲宗執政的優點，接下來就說說他三項最為人詬病的弊政，包括建立皇莊、設立西廠及傳奉官制度。

首先是「建立皇莊」。

所謂的「皇莊」就是皇室專屬的田地，然而，古時有「普天之下莫非皇土」的說法，理論上來說，所有明朝管轄的土地都可算是屬於皇室，但明憲宗卻為了增加額外收入來維持奢華生活而四處搜括土地建立皇莊，這造成明代土地兼併風氣盛行。

　　皇莊由宦官掌管權力，管理相當混亂，欺壓百姓的事情時常發生，引發不少社會問題。既然皇帝已開「兼併土地」的風氣，底下的官員、宦官們自然上行下效，紛紛上疏請求皇帝賜與土地，所以造成王田、官莊四處林立的現象。上位者與民爭利的結果，也大為破壞民生經濟基礎，埋下了明朝亡國的禍根。

　　接著是「設立西廠」。

　　明朝早在成祖時期，就已成立一個特務與秘密警察機關——東廠。但到了成化年間，明憲宗認為單靠一個東廠無法掌握天下大事，所以在成化十三年（1477）又設立了一個西廠。西廠的人數為東廠的一倍以上，權力也比較大，甚至可以不經皇帝同意就逮捕三品以上的官員。

　　驕橫狡猾、花言巧語卻又不失大度的汪直，正是當時掌管西廠的太監。在他掌管西廠的 6 年間，是他權力最盛的時期。每當汪直出外巡視時，當地官員都會千里迢迢跪地迎接，可見汪直的權勢之大，也看出當時士大夫依附權勢的無恥行徑。但前面也說到，汪直是一個罕見的「大肚能容」太監，有一次，汪直到江南巡視，前往拜會當地富有盛名的官員楊繼宗，沒想到楊繼宗外貌醜陋，汪直遂認為見面不如聞名，豈料楊繼宗一點也不懼怕汪直，只是冷冷地回諷：「我雖醜陋，但還不至於損傷父母給我的身體！」儘管權力滔天的汪直受到楊繼宗這樣嘲諷，但他卻不以為意，非但沒有生氣，當明憲宗問起「當今群臣誰最

賢明」時，汪直還大力推薦楊繼宗，足見汪直的大度。

西廠及汪直的專權，引起各方高度重視，但汪直卻被一名隨侍明憲宗的小太監阿丑給擺了一道。某日，阿丑奉命在皇帝面前表演餘興節目，他便扮演一位醉酒、正在發酒瘋的小太監，旁人大喊「皇帝駕到」，小太監不理不睬；當旁人大喊「汪直來了」，小太監卻立刻避走，並說：「今人只知汪太監也！」這讓明憲宗心裡很不是滋味，自此他便開始疏離汪直。同時，西廠的專權也引起內閣群臣的強烈反彈，再加上汪直失寵，成化十八年（1482），明憲宗終於下令撤消西廠。

憲宗的第三項弊政，就是建立了傳奉官的制度。

即位不到一個月的明憲宗下了一道命令，直接授與一位受寵的宮人官職，這就是傳奉官制度的開始。所謂的「傳奉官」，就是不經過任何國家考試篩選或正常任官手續，直接由皇帝任命的官員，也彰顯皇帝能依照自己喜好任用官員的狀態，壓縮了循正常管道謀求官職者的機會。再者，不少皇帝身邊的紅人，便透過自己的權勢，藉皇帝之名賣官鬻爵，造成傳奉官的氾濫，這時的明朝就越發越類似東漢末年的舉才景況——「舉秀才，不知書。舉孝廉，父別居。寒素清白濁如泥，高第良將怯如雞」。當時傳奉官中竟出現不識字的文官、沒拉過弓的武官，這也造成朝廷內冗官過多，增加國家龐大的財政負擔。

由上可知，成化年間，儘管明憲宗初期實行不少德

政，也算是仁宣之治後文治武功較興盛的時期，但後期的弊政卻有過之而無不及，即便當時天下尚稱太平，但也是靠祖輩們打下的根基、遺留下來的財力，才能勉力維持這個太平局面。

最後，明憲宗還有一個不得不說的愛情故事。

明憲宗相當寵愛一個名為萬貞兒的妃子，甚至為其行廢后之事，並改封為皇貴妃。萬貞兒在 4 歲幼齡時就進宮，最初為孫皇后（宣宗皇后）的宮女，後來因發生土木堡之變，當時已是皇太后的孫氏便與朝臣擁立代宗為帝，並立年僅 2 歲的朱見深為太子，萬貞兒便奉孫太后之命，擔任年幼的太子保母，兩人自幼生長在一起，自然親密非常。

萬貞兒其實姿色普通、體態微胖，甚至比皇帝大了 19 歲。但她生性機警，善於迎合明憲宗，更特別的是，萬貞兒不同於一般后妃的柔弱體態，時常一身戎裝，佩刀侍立左右，帶給明憲宗一股新鮮感。

到了景泰三年（1452），代宗廢掉侄子朱見深的太子之位，改立自己的兒子為太子。朱見深的地位一下子從儲君掉到諸侯，落入人生低潮，此時身邊只有萬貞兒相陪，導致朱見深對其產生莫名的情愫。奪門之變爆發後，英宗復辟，復立朱見深為太子，也發現了兩人間的情事。英宗除了重責萬貞兒一百大板外，也直接插手朱見深的婚事，為其選妃，遴選了吳氏作為太子妃，也在朱見深登基成為明憲宗後，晉升成為皇后。

吳皇后容貌頗為出眾，卻無法從皇帝身上搶到一絲注意力，屢屢輸給體態微胖、比皇帝大了十餘歲的萬貞兒。這讓吳皇后十分惱怒。

當某次萬貞兒恃寵而驕，對吳皇后不敬之後，吳皇后終於忍無可忍，以後宮之主的身分杖責萬貞兒，沒想到卻因此觸怒龍顏，不僅后位被廢，還被打入冷宮。此後，萬貞兒的地位更為穩固，只是后位在周太后（明憲宗生母）的介入下落到王氏頭上，萬貞兒仍無法奪得后位。繼任皇后的王氏從吳廢后身上學到教訓，對萬貞兒百般容忍退讓，不敢纓其鋒，萬貞兒遂成為後宮實際上的主人。

成化二年（1466）正月，萬貞兒生下明憲宗的長子，明憲宗大喜，封萬貞兒為貴妃，但皇子未滿周歲便夭折，萬貴妃也因年紀已大，此後再也沒有懷孕。儘管萬貴妃無法懷孕，但明憲宗仍對她異常寵愛，朝中群臣深怕皇帝沒有子嗣，屢次勸諫皇帝多寵幸其他嬪妃，明憲宗接納朝臣意見，努力在後宮開枝散葉，終於使自己成為除了開國皇帝朱元璋以外，子嗣最多的明朝君主。儘管如此，萬貴妃仍是寵冠後宮，穩穩地把持後宮大權。

在《明史》中萬貴妃也是個相當狠毒的女人。在她成為皇太后的希望破滅後，她開始對其他嬪妃下手。她緊盯著與皇帝發生關係的嬪妃，以各種名義進獻湯藥使其墮胎，甚至毒殺賢妃柏氏為明憲宗生下的次子朱祐極。

成化元年（1464），爆發由瑤族、侗族發起的藤峽盜

亂，明軍俘虜許多面貌姣好的女子入宮當宮女。其中一名女子紀氏，為瑤族土官之女，姿色出眾且聰慧過人，在與明憲宗的一次邂逅後，就懷上明憲宗的三子朱祐樘，也就是後來的明孝宗，因為之前有「皇子被萬貴妃毒死」的前車之鑑，所以朱祐樘在出生後，就受到紀氏、廢后吳氏及周太后的嚴密保護，連明憲宗都不知道自己有這個兒子，直到朱祐樘 6 歲的時候，才終於與明憲宗相認，明憲宗歡喜之情溢於言表，隨即立朱祐樘為太子。被矇在鼓裡的萬貴妃深懷怨恨，不停地向明憲宗進讒言，甚至要求明憲宗廢掉朱祐樘的太子之位。但也許是真命天子命不該絕，朱祐樘非常幸運地從這些迫害中活了下來，不過朱祐樘的生母紀氏卻沒這麼好運，被萬貴妃毒殺而亡。

但事實究竟是否真的如《明史》所載，恐怕有疑慮。經過史家考證，以上《明史》關於萬貴妃的記載乃出自一本野史，野史來源出自萬貴妃去世百餘年後的老太監之口，因此可靠性存疑。

此外，明辨事理的周太后（明憲宗生母）不太可能就此放任萬貴妃橫行後宮而袖手旁觀。甚至，在清乾隆帝閱過此段《明史》記載後，還特別撰寫一篇〈駁明憲宗懷孕諸妃皆遭萬妃逼迫而墜胎〉來駁斥此事。最後，讓我們從事實來看，前面就有說到，明憲宗是除了太祖以外最「高產」的明朝皇帝，若萬貴妃真的如此歹毒，還會讓明憲宗留下這麼多子嗣嗎？

　　無論如何，萬貴妃在成化年間的得勢是無庸置疑的。儘管她出身卑微，但卻能獲得皇帝獨寵，許多趨炎附勢者因此不顧顏面，主動貼近萬貴妃，其中最著名的莫過於大學士萬安。

　　萬安的人品不佳，甚至也沒有什麼特別突出的學識，只知道依從皇帝及萬貴妃的喜好行事，但這就讓他能成為內閣首輔，甚至被稱為「萬歲閣老」。相傳在成化十七年（1471）時，萬安與另外兩名大學士彭時、商輅一同面見皇帝議事，當彭時、商輅提出第一項議題而皇帝允諾之後，萬安立刻下跪大喊萬歲──按照當時的明朝制度，只要大臣高呼萬歲，就代表議事結束──原本彭時、商輅還有好幾項重要大事要稟報，結果就因為這一句「萬歲」而不得不中止，此後，明憲宗更許久不再召見大臣。此事過後，萬安甚至把「高呼萬歲」的鍋扔給彭時背，希望藉此避免自己的名聲敗壞，由此足見此人無恥的一面。

　　成化二十三年（1487），萬貴妃因病去世，享年 59 歲，明憲宗悲痛不已，破例將萬貴妃以皇后之禮葬於明朝皇帝與皇后的陵寢──天壽山陵區，同時，萬貴妃也是歷史上第一個在世即被封為皇貴妃的人物，且是第一個死後有諡號的妃子。

　　萬貴妃死後，明憲宗曾大嘆：「萬妃長去，吾亦安能久矣！」果不其然，同年八月，明憲宗就因悲傷過度而駕崩，享年 41 歲。

今生鍾愛你一人：孝宗朱祐樘

年號	弘治	在位期	1487～1505（18 年）

武力 ☆☆☆☆☆
智力 ★★★★★
魅力 ★★★★★
政治 ★★★★★
外貌 ★★★☆☆
特技 勤政 ＋ 鍾情
評價 ★★★★★

（取自維基共享資源）

　　明孝宗朱祐樘（1470～1505），為憲宗三子，明朝第
九位皇帝，年號弘治。相傳朱祐樘幼年為了躲避萬貴妃的
迫害，一直過著躲躲藏藏、見不得人的日子，直到與憲宗
相認，被立為太子後，才開始過比較像樣的生活。當萬貴
妃、憲宗相繼過世後，才終於輪到明孝宗當家做主，不過
接到手上的明朝，卻是朝政凋敝、混亂不堪的局面。

　　在談論明孝宗的政績前，必須先從皇帝本身的個人修
養開始說起。朱祐樘 6 歲成為太子，9 歲便開始接受正規
教育，他的老師各個都是學識深厚的大學士，講授的內容
包含四書及各種經史子集，使朱祐樘從小就深受儒家文化
的影響。

　　朱祐樘個性寬厚仁慈、勤儉有禮，即位成為明孝宗

後，首先驅逐了前朝的佞臣，並且重用大量賢才之士，一改前朝所謂「紙糊三閣老，泥塑六尚書」這種對不適任內閣大臣的戲謔之稱，使得當時朝政煥然一新。同時，明孝宗對於前朝的佞臣也網開一面，並未大開殺戒，大多僅將他們下獄或流放，此仁慈之舉也獲得史家一致稱頌。

明孝宗勤於政事，除了每天例行的早朝必到之外，還召開午朝，使朝臣能有更多時間及機會與皇帝商議國事，並且廣開言路，鼓勵大臣直言進諫，反覆、慎重地與大臣討論奏章，而非用一、二句話就輕易決定處置方式。在早朝、午朝結束之後，內閣累積了許多文件奏章，明孝宗深怕當中摻雜急件，無法即時獲得處理，因此在早朝、午朝之外，每日還有兩次在平台召見大臣議事的機會，就此建立了一種嶄新的朝參方式，我們也可從此看出明孝宗的勤奮治國。到了晚年，雖然明孝宗一度因寵信宦官李廣而疏於國家大事，但一經大臣勸諫，明孝宗便立刻回神醒悟，反省自己的作為並加倍勤政。弘治年間，明孝宗勵精圖治，在經過朝野上下一致努力後，政治清明，一改前朝弊政；經濟社會方面則減輕賦稅，興修水利，繁榮民生經濟，百姓安居樂業，史稱「弘治中興」。

明孝宗在工作如此忙碌的情況下，仍不忘展現了他仁慈及體恤下屬的細心，遇到朝臣在討論過程中偶有失禮，或是奏章中有些許錯字，明孝宗從不問罪懲處或仔細糾錯。另外，曾在一年冬夜，明孝宗走在冷冷的寒風中，想

起還有官員在外執行公務，就命人執燈護送回京，不論官員職位高低。作為皇帝，竟如此為士大夫保留情面且體恤官員的辛勞，實屬罕見。

明孝宗針對控管朝臣的業績，設立了一種完善的考察制度。弘治十五年（1502），分述明朝行政機構執掌及事例的《大明會典》編成，其中對於京官的考核改為六年一次。明孝宗希望能藉由這六年一次的考核裁汰不適任者，在弘治年間確實對官場的改革帶來正面積極的意義。然而，從明孝宗兒子武宗繼位後，一直到明末，明代的政治卻不再像弘治年間這般清明，六年考核一次的制度反而淪為黨派鬥爭的工具。

明孝宗一生勤政廉潔，將生命奉獻給了國家，對於自己的私生活，他也是潔身自愛。中國自古以來的帝王，無不是後宮美女如雲、嬪妃成群，明代的皇帝更是如此。當明朝皇帝延續到了弘治年間，就出了明孝宗這個異類，他有別於其他皇帝，他終其一生身邊只有一個伴侶——張皇后，後宮沒有再立任何其他的嬪妃，夫妻兩人非常恩愛，每天同起同臥，朝夕與共，有如一般民間的夫婦一樣。

為何明孝宗不若其他封建皇帝一般後宮佳麗成群呢？也許可以從以下幾個觀點來探討。首先，明孝宗本身的性格溫和，自幼又接受正統的儒家思想，對於男女之事並未有太多的慾望；再者，明孝宗幼年時常目睹萬貴妃與其他後宮嬪妃爭寵鬥爭，心中留下陰影，為了不讓這樣的事再

次發生，索性不立其他的嬪妃；最後，張皇后的姿色豔麗，生性活潑，對明孝宗來說也具備一定的吸引力及約束力。不管如何，明孝宗可說是中國皇帝中唯一踐行一夫一妻制的皇帝，在歷史上絕無僅有。

總體而言，在弘治時期，不論是皇帝本身的作為或是施政舉措，都在歷史上獲得極高的評價，《明史》就稱讚明孝宗「恭儉有制、勤政愛民」，這短短 8 個字看似輕描淡寫，但其實是一個相當高的評價。眾所周知，《明史》為清朝史官編修，因此對於明朝這個曾經的對手，自然多以貶低之詞敘述其君王，而明孝宗卻打破了這個成規，得到不少讚譽，可見明孝宗絕對可稱得上是一位仁道之君。

弘治十八年（1505），已經連續十餘年勤於政事的明孝宗，在不經意下染上了傷寒感冒，而太醫得知皇帝染病，竟然離譜地未經任何診查就隨便開藥，導致歷史上少見的明君因為誤食藥物，鼻血不止而死，享年 34 歲。

明朝重要事件小檔案：英宗～孝宗

英宗朱祁鎮	
1435（宣德十年）	朱瞻基崩逝，朱祁鎮即位。
1441（正統六年）	定都北京。
1442（正統七年）	大權旁落於宦官王振。
1449（正統十四年）	爆發「土木堡之變」，朱祁鎮被俘，朱祁鈺繼位。

代宗朱祁鈺	
1450（景泰元年）	朱祁鎮返回京師，被軟禁於南宮。
1452（景泰三年）	廢原太子，改立朱見濟為太子。
英宗朱祁鎮	
1457（天順元年）	朱祁鈺病危，爆發「奪門之變」，朱祁鎮成功復辟。
1464（天順八年）	朱祁鎮崩逝，朱見深即位。
憲宗朱見深	
1465（成化元年）	爆發「藤峽盜亂」。
1471（成化七年）	平定「荊襄流民之亂」。
1477（成化十三年）	設立「西廠」。
1482（成化十八年）	撤銷「西廠」。
1487（成化二十三年）	朱見深崩逝，朱祐樘即位。
孝宗朱祐樘	
1502（弘治十五年）	《大明會典》編成。
1505（弘治十八年）	朱祐樘病逝，朱厚照即位。

第四章　內憂外患層出不窮 武宗～穆宗

明朝的皇帝都相當有個人風格，尤其體現在武宗、世宗、穆宗身上。武宗特立獨行，毫不在乎體制；世宗迷信道教，二十多年不上朝；穆宗治國有方，卻獨鍾房中之術。明朝皇帝的荒誕行徑，也許滿足了個人欲望，卻塑造出劉瑾、嚴嵩等奸臣宦官弄權的空間，使大明帝國的根本及無辜的平民百姓大受其害。

把自己玩死了：武宗朱厚照

年號	正德	在位期	1505～1521（16 年）
（取自維基共享資源）		武力 ★★★★★ 智力 ★★★★★ 魅力 ★★★☆☆ 政治 ★★★★☆ 外貌 ★★☆☆☆ 特技 角色扮演 ＋ 游龍戲鳳 評價 ★★★☆☆	

　　明武宗朱厚照（1491～1521），為孝宗長子，明朝第十位皇帝，年號正德。明武宗是個具有獨特行事風格的皇帝，他雖貴為皇帝，卻好色貪杯、私生活不檢點，做出許多荒誕無稽的事，但在處理國事時，卻又絲毫不馬虎、果決明快，對外擊退蒙古，對內平定寧王之亂，如此反差使他在歷史上擁有兩極化的評價。

　　孝宗僅有二子，長子朱厚照2歲就被立為太子，次子朱厚煒卻早夭，使得朱厚照有如「掌上明珠」般備受寵愛，而朱厚照從小天資聰穎，學習速度特別快，更讓人期待朱厚照在未來能成為一個好皇帝。不過事情的發展往往是出乎預料之外。弘治十八年（1505）孝宗駕崩，年僅15歲的朱厚照正式即位，成為明武宗。

　　這時的明武宗正值年少愛玩的時期，加上東宮中的「八虎」太監，每天為了討皇帝歡心，大肆籌備各式歌舞或蒐集罕見鷹犬等玩物吸引明武宗。年輕的皇帝忍受不了外在的誘惑，玩物喪志，學業與國事也因此荒廢。甚至，明武宗還在宮外新建了行宮——「豹房」，豹房雖以「豹」為名，但實際上裡面最多只有四隻豹，其餘則多為樂戶、美女，甚至是男寵，供明武宗尋歡作樂。

　　「八虎」之首的宦官劉瑾因受皇帝寵愛，橫行霸道、貪婪專權，引起多人不滿。正德五年（1510），安化王朱寘鐇以「討伐劉瑾」為名，在寧夏起兵，明武宗任用楊一清平亂，楊一清則與「八虎」之一的太監張永合謀，密告

劉瑾謀反，明武宗便在安化王之亂平定後將劉瑾抄家，抄
家所得的黃金白銀不計其數，甚至 2001 年的亞洲《華爾街
日報》還將劉瑾列入過去一千年來全球最富有的五十人名
單中。有趣的是，劉瑾雖然生性貪婪，處理起政事卻相當
謹慎，還針對時弊推動了不少新法，頗有政治才能。

　　劉瑾死後，明武宗並未收斂，轉而寵信佞臣錢寧、義
子江彬等人。關於佞臣錢寧，據說明武宗常酒醉夜宿於豹
房中，甚至枕在錢寧身上睡覺，當文武百官在早朝上不見
皇帝，只要派人在豹房外守候，看見錢寧走出豹房，就代
表皇帝起床了。至於義子江彬，則致力於為明武宗蒐羅物
色民間美女充實豹房，據《明史》所載，江彬曾在明武宗
面前大讚軍官馬昂之妹馬姬的美貌，以及她嫻熟騎射、歌
舞，甚至會說外語，明武宗聽罷，不顧馬姬已嫁作人婦，
並已懷有身孕，直接將馬姬收入豹房，大肆寵愛。

　　明武宗在宮中玩樂尚嫌不夠，時常溜出京城到處尋花
問柳，遇上中意的姑娘就強行帶回宮中，引得百姓民怨載
道。相傳在某日明武宗出遊時，看上了太原晉王府樂工之
妻劉氏，進而納劉氏入豹房，對劉氏寵愛有加；在正德十
四年（1519）明武宗親自南征寧王時，與晚到的劉氏相約
潞河會面，出發前劉氏脫簪作為信物，明武宗小心翼翼收
妥簪子後出發，沒想到卻在半途縱馬疾馳時遺失，這讓明
武宗急得跳腳，下令按兵不動三天三夜，只為找回簪子。

　　除了豹房之外，明武宗還有另一個玩樂的小天地——

位於宣府的鎮國府，明武宗甚至稱鎮國府為「家裡」。宣府是北邊的軍事重鎮，也是抵禦蒙古南侵的第一道防線。明武宗在宣府建造鎮國府，並更名朱壽，封自己為鎮國公，除了將豹房的一部分珍藏轉移至鎮國府，還命令朝臣不准踏入鎮國府，只有豹房的親信隨從可以進出，由此可見明武宗長駐鎮國府的打算。同時，明武宗也是史上首位自己降格，向朝廷稱臣的皇帝。

明武宗荒誕不羈的事情還遠不只這些，正德九年（1514），還未反叛的寧王朱宸濠敬獻元宵花燈入宮，其中附有火藥，當宮人懸起花燈時，火星不慎濺上一旁厚厚的禦寒氈幕，引發乾清宮大火，自凌晨時分一直燒到天明仍未止息，當時明武宗正要前往豹房，還開玩笑地說：「好一棚大煙火也！」由此可見，明武宗確實對皇宮權力一點留戀之情都沒有。

長期下來，朝臣對於明武宗的所作所為，從一開始的極力勸諫，到後來呈現半放棄狀態，認為只要皇帝不搞出什麼大亂子就是萬幸。不過回過頭來看，明武宗雖然喜愛玩樂，但還不至於完全不理國家大事。內政上，明武宗時常上朝聽政，決定國家方針，即使不想上朝，他也會發布聖旨，讓大臣們遵照他的命令行事；當明武宗身在鎮國府時，即使禁止大臣踏入，但關於國家大事的奏章卻得一件也不能少地送進鎮國府，讓明武宗批閱。軍事上，明武宗先後平定安化王之亂、擊退蒙古、平定寧王之亂，算是維

持住大明王朝的疆域與軍事局面。

明武宗生性好動，自幼貪玩，尤其喜歡騎射，養成他日後尚武的習氣。明武宗喜歡長駐在北方前線的鎮國府，一方面能遠離一直碎碎念的大臣們；另一方面也是期許自己能立下如太祖、成祖般的豐功偉業。

正德十二年（1517），蒙古韃靼小王子達延汗領兵來犯，明武宗接受義子江彬建議，以大將軍朱壽的名義親征，然而土木堡之變的陰影在明朝上下還揮之不去，所以群臣百般勸諫，想方設法地試圖阻止皇帝親征，但最後還是無法改變打算一展身手的皇帝的心意。明武宗親自坐鎮宣府及大同（今河北、山西一帶）與韃靼軍交戰，過程中險象環生，連皇帝的坐駕都差點陷落，然而經過幾番激戰，總算是擊退韃靼軍，據說明武宗還親自殺敵一人，史稱「應州大捷」。而領軍韃靼進犯的達延汗，也在此役中因不明原因死亡，這也許就是此後蒙古部族雖屢次南侵，但終究不敢太過深入的原因。

正德十四年（1519），太監張忠、御史蕭淮等人告發寧王朱宸濠在封地為所欲為的罪行，明武宗因此下旨削奪寧王的護衛，並喝令寧王歸還奪自百姓的田地，寧王因此在江西南昌一帶起兵造反，這讓剛嚐到「應州大捷」滋味的明武宗眼睛為之一亮，再次興致高昂地點兵親征。想不到明武宗才離開京師幾天，剛抵達涿州（今河北）時，叛亂已被當時擔任南贛巡撫的王陽明平定，捷報雖已傳到明

武宗耳中，但明武宗還是一意孤行，繼續「南征」。明武宗「南征」到達應天府（今南京）後，王陽明隨即也將寧王押送至應天府，但明武宗卻遲遲不肯受降，隨侍的佞臣甚至提議釋放寧王，再由明武宗生擒，藉此展示皇帝威信；王陽明莫可奈何，只好隻字不提自己的平叛之功，將寧王交給當時還算正直的太監張永，選擇急流勇退，才好不容易結束了這場鬧劇。

明武宗在應天府一待就是 8 個月，終於玩夠了，決定班師回朝。回程途中，明武宗一路遊山玩水，玩得不亦樂乎。一日，明武宗經過清江浦，見水上風光明媚，一時興起，與一旁的漁夫學習撒網捕魚。收網時，網中捕獲多條大魚，明武宗大樂，便用力拉起漁網，不料卻因此失足跌入水中。明武宗自小生長在北方，不諳水性，雖未溺死，但免不了嗆了幾口水。明武宗跌落水中之後，也許是驚嚇過度，再加上時值秋涼之際，身體每況愈下，高燒不退，燥熱難耐。

正德十六年（1521）正月，明武宗強撐著病體，好不容易回到北京，但在數日後在南郊祭祀天地時，忽然口吐鮮血，跪地不起，旁人急忙將明武宗送回齋房休養。臥病在床的明武宗似乎知道自己時日不多，突然開始向身旁的太監交待後事，指示由皇太后及內閣大臣等議處天下事，並在最後反省自己荒唐的一生。隔日，明武宗病逝於豹房，得年 29 歲。

別打擾我飛升：世宗朱厚熜

年號	嘉靖	在位期	1521～1567（46 年）

（取自維基共享資源）

武力 ☆☆☆☆☆
智力 ★★☆☆☆
魅力 ★★☆☆☆
政治 ★★★☆☆
外貌 ★★☆☆☆
特技 孝順 ＋ 煉丹
評價 ★★☆☆☆

　　明世宗朱厚熜（1507～1566），為武宗堂弟，明朝第十一位皇帝，年號嘉靖。武宗朱厚照一生淫樂，身邊美女如雲，卻沒有留下任何子嗣繼承皇位，故由內閣首輔楊廷和主導，依《皇明祖訓》尋找繼承皇位的皇室成員，最後輾轉找到孝宗四弟興王的次子，也就是武宗的堂弟──朱厚熜繼承皇位。

　　由於明世宗繼承皇位的方式，與一般父死子繼的直系繼承關係不同，因在嘉靖初期發生了為期三年半的「大禮議」事件。事件起因在於明世宗與舊臣們對其生父生母的尊號上發生極大的爭議。

　　從內閣大臣決定讓朱厚熜繼承皇位開始，他們就為了要用什麼樣的禮儀迎立新皇而傷透腦筋，最後，過半數的

舊臣在討論後取得一個共識——繼位為明世宗的朱厚熜，應該尊奉正統，認孝宗為義父，以孝宗養子的身分入繼大統。然而，對明世宗而言，「認生父之兄孝宗為義父，並以孝宗養子的身分入繼大統」等同是背棄自己的親生父母，明世宗理所當然地果斷拒絕這個提議。

朝廷自此開始慢慢分裂為兩派，一派是以新科進士張璁為首，擁護明世宗的議禮派，主張「繼統不繼嗣」，也就是繼承皇帝統治天下的正統權力，但不認義父、也不繼承血脈；另一派則是由內閣首輔楊廷和為主的護禮派。由於張璁為新晉朝臣，勢單力孤，即使與皇帝同心，卻依舊難辯贏悠悠眾口，甫繼位的明世宗也還沒實際掌握權力，因此亦難以按照自己的意願行事，只得低頭妥協，讓此事暫且揭過不議。

當明世宗即位三年後，政治地位已漸趨穩固，此時明世宗再次提起舊事，試圖為自己的親生父母封號上加「皇」字，同時建立宗廟社稷。聽聞此事的群臣嘩然，認為逾越了禮法，此事掀起了一波「大禮儀之爭」中最激烈的衝突。在早朝結束之後，多達兩百餘位的朝臣一齊跪在左順門哭求皇帝改變心意，大臣的哭聲震天，即使明世宗對群臣下令，要求他們自行解散，但他們仍舊跪著期望明世宗能收回成命，此舉讓明世宗動了怒，命令錦衣衛逮捕生事者，被逮捕的大臣多數遭受停俸、下獄，甚至是當眾廷杖的懲罰，最後因施加廷杖之刑，傷重而死的大臣多達

16 人。經過左順門事件之後，明世宗在這場大禮儀之爭中獲得了最終的勝利，不但鞏固了自己的政治地位，也讓親生父母可以被追封為皇帝及皇太后。

明世宗掌握大權之後，在嘉靖前期開始進行了一連串的改革，在大禮議事件中自始至終都支持皇帝的張璁，就成為改革的關鍵推手。嘉靖年間的改革以清理莊田、廢除鎮守太監制度、完善科舉制度等為重點。其中，「廢除鎮守太監制度」更是一舉掃除了宦官集團在中國全境盤根錯節的百年遺毒。

上溯至永樂初年，與宦官稱兄道弟奪得天下的成祖，就開始鬆手讓宦官與武將偕同處理地方事務；到了洪熙年間，仁宗更是派遣太監鎮守地方；當明朝交到寵信宦官王振的英宗手中，鎮守太監更是散布在全國各省、各城鎮之中。「鎮守太監」一職也讓太監及外戚得以掌握各地的軍政大權，他們結黨營私、魚肉鄉民，形成一個貪腐集團，百姓生活備受壓榨，苦不堪言。想將存在百餘年的「鎮守太監」廢除，無疑是一件浩大的工程，張璁說服了一度舉棋不定的明世宗，採取漸進的方式慢慢剷除毒瘤，費時數年才完全革除鎮守太監制度，清除了長期以來太監外戚亂政之弊。

明世宗與張璁聯手執行的改革，使得嘉靖前期朝政為之一新，且影響後世深遠，就連往後萬曆朝張居正的改革也有部分是屬於嘉靖年間改革方向的延伸。而內閣首輔張

瓏對明世宗來說，自然是極為重要的存在。嘉靖十四年（1535），年近六十的張瓏身體每況愈下，多次欲辭官養病，但都在明世宗極力慰留下打消了念頭，甚至明世宗還親自為張瓏調藥；4 年後，張瓏還是不敵病魔，病逝於溫州，明世宗為此傷心不已。

明世宗在位 45 年，前期與內閣首輔張瓏合作，為國家帶來了新氣象，史家稱之為「嘉靖中興」；但嘉靖後期二十多年間，這個勵精圖治的皇帝卻開始不問朝政，信用奸臣，任由國家衰敗。為何會有這麼大的轉變呢？主要是因為明世宗長期迷信道教之故。

明世宗的父母尊崇道教，所以明世宗在耳濡目染之下，自然也成為道教的忠實信徒。因此，當他擁有權力的時候，便開始不遺餘力地發展道教，不但花費大筆資金修建齋醮（道教的道場，用於舉行道教祭典儀式），還四處探尋方士，一心想求長生不老，甚至還把腦筋動到祖先編纂的百科全書──《永樂大典》身上。具史書記載，明世宗曾命太監把《永樂大典》搬入他的寢宮，讓他仔細閱讀，此後，《永樂大典》的正本就此遺失，這也是筆者敢大膽預測《永樂大典》存於明世宗的陵墓──永陵──之中的原因。

明世宗除了自己虔誠信仰道教以外，還要求文武百官都要尊崇道教，對於尊崇道教的「同道中人」，更是多加賞賜，甚至能夠加官進爵。其中，被《明史》列為明代六

大奸臣之一的嚴嵩，就是其中最好的例子。

嚴嵩是弘治年間的進士，正準備一展身手的他，卻因為生病而被迫退官回籍休養十年，當他病癒復官後，開始著手討好時任禮部尚書的夏言，很快地就被夏言引為知己。經過夏言的大力推薦，嚴嵩「步步高升」，明世宗也開始正視這個特別會奉承自己的大臣。嚴嵩開始靠著自己生花妙筆的文采，為明世宗寫了許多道教儀式中的詞文，因此有「青詞宰相」之稱。深得明世宗寵信的嚴嵩，在皇帝不問朝政的二十多年間獨攬朝政大權，四處結黨營私、貪贓枉法，使得全國上下內政敗壞、國防空虛，明世宗卻始終睜一隻眼閉一隻眼。

嘉靖二十一年（1542）發生了「壬寅宮變」，明世宗迷信的道教差點葬送了他的命。當時，明世宗為了煉製長生不老藥，聽信方士的說辭，認為處女的經血可使人長生不老，所以從全國各地挑選處女進宮，方士常以「保持處女經血的純淨」為由，禁止這些宮女進食，還常常對她們施加暴力，許多宮女因此死亡，僥倖存活下來的宮女更是如同生活在地獄一般苦不堪言。備受迫害的宮女們忍無可忍，她們試圖趁著明世宗熟睡時勒死他，沒想到繩子卻不小心打成死結，只把明世宗勒昏而已，千鈞一髮之際，方皇后趕至，迅速逮捕十餘名造反的宮女，並於數日後凌遲處死。

其實，歷史上對於「壬寅宮變」的發生還有另一種解

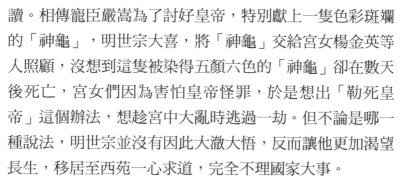

讀。相傳寵臣嚴嵩為了討好皇帝，特別獻上一隻色彩斑斕的「神龜」，明世宗大喜，將「神龜」交給宮女楊金英等人照顧，沒想到這隻被染得五顏六色的「神龜」卻在數天後死亡，宮女們因為害怕皇帝怪罪，於是想出「勒死皇帝」這個辦法，想趁宮中大亂時逃過一劫。但不論是哪一種說法，明世宗並沒有因此大澈大悟，反而讓他更加渴望長生，移居至西苑一心求道，完全不理國家大事。

嘉靖後期，國內不斷爆發多起民變、兵變，長久以來的外患蒙古也持續叩關騷擾，甚至在嘉靖二十九年（1550）長驅直入北京近郊，燒殺擄掠數日後揚長而去，明朝也被迫開放宣府、大同等地，與蒙古進行互市貿易；東南沿海則有日本倭寇大舉進犯，沿岸居民損失慘重，幸有名將戚繼光擊敗倭寇，才得以免除更多禍害。

嘉靖三十四年（1556），人口密集的關中地區發生規模 8.0 至 8.5 的大地震，為全世界有史以來死亡人數最多的地震，共計八十三萬餘人死亡。強烈的地震造成大範圍的房屋倒塌、黃土滑坡、河川改道，因地震引發的水災、火災、瘟疫，更使震後的復原工作難上加難。

嘉靖後期因吏治腐敗，國庫早已沒有盛世時期那般富有，震後調撥的大筆救災資金更使國庫連續兩年虧空，再加上因百姓大量死亡而稅收短少，使明朝的財政狀況陷入危機，國力也大為耗損。

嘉靖晚期，明世宗開始服用方士煉製出來的「長生不

老藥」。這些長生不老藥實際上摻雜了許多重金屬成分，長期少量服用會造成慢性中毒，大量服用則可能導致立即性的死亡風險。嘉靖四十五年（1566），明世宗便因服用大量長生不老藥而中毒身亡，享壽 60 歲。

後宮勤勞的蜜蜂：穆宗朱載垕

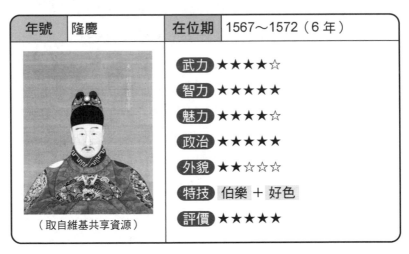

年號	隆慶	在位期	1567～1572（6 年）

武力 ★★★★☆
智力 ★★★★★
魅力 ★★★★☆
政治 ★★★★★
外貌 ★★☆☆☆
特技 伯樂 ＋ 好色
評價 ★★★★★

（取自維基共享資源）

明穆宗朱載垕（1537～1572），為世宗三子，明朝第十二位皇帝，年號隆慶。世宗原本立次子朱載壑為太子，以朱載垕為裕王，但朱載壑於嘉靖三十一年（1552）因病逝世，故以次序而論，世宗死後便由諸子中最年長的朱載垕即位。

朱載垕年少時，因母親康妃不受寵，自己又並非長子，所以得不到太多世宗的關愛，從 16 歲開始，足足在裕

王邸獨立生活了 13 年，養成了他謹慎低調、平和仁厚的性
情。期間，朱載垕實際接觸底層平民百姓的生活，深入了
解國家因父親世宗迷信道教、嚴嵩亂政所造成的後果——
朝政廢弛、官吏貪贓枉法、外患猖獗——百姓因此處於水
深火熱之中。這樣的經歷也影響了朱載垕即位後的施政改
革方向。

　　朱載垕即位成為明穆宗後，立刻開始著手進行改革，
第一要務便是先行除弊。他首先廢止浪費國家大筆公帑進
行的各種道教儀式，將方士全數逮捕治罪，對於因勸諫世
宗而入獄的前朝大臣們，也為之平反，並重用這些敢於冒
犯皇帝、進諫忠言的大臣。明穆宗本人則以身作則，力行
節儉，一改皇室原本奢侈的風氣，百官起而效尤，進而減
輕了朝政的負擔。

　　隆慶元年（1567），明穆宗宣布解除實行了近兩百年
的海禁政策，允許民間私人的海外貿易行為，使東南沿海
的民間貿易開始迅速發展，史稱「隆慶開關」。明朝沿海
至此開始一段較為自由、活絡的時代。

　　針對一直騷擾明朝上百年的「南倭北虜」問題，明穆
宗也整理出一套解決辦法。

　　首先是東南沿岸的倭寇問題。其實，早在嘉靖晚期，
就有戚繼光、俞大猷等名將努力抗倭，並取得決定性的勝
利佳績，甚至戚繼光還在浙江義烏招募了一支農民軍，施
行一套新式訓練手法，訓練出來的戚家軍各個驍勇善戰，

東南沿岸的倭寇基本上被肅清一空，百姓生活終於回歸安穩和平。

　　根據筆者研究，戚繼光帶領戚家軍掃蕩沿海倭寇自然有其成效，但實際上，這些「倭寇」並不是因為懼怕戚繼光而消失，而是與「隆慶開關」有著絕對的關係。大家通常都認為「倭寇」就是專指日本海盜，但其實只有洪武年間的「倭寇」是真的由日本武士組成，之後的「倭寇」絕大多數都不是日本人，而是中國沿海居民。早在嘉靖年間，世宗就撤掉掌管朝貢貿易的市舶司，讓朝貢貿易無法進行，中央又派遣大軍圍剿倭寇，導致民間的走私貿易也漸漸斷絕，這讓東南沿海的居民難以為繼，最後，他們選擇穿上日本服飾，手持武士長刀，口中吶喊幾句日本話，越過沿海村莊，直接殺入內陸大城市劫掠。明穆宗上位後，果斷開關准許貿易，這些被生計逼迫鋌而走險的沿海居民自然放棄了海盜副業，走回經商貿易的正途。

　　較為嚴重的反而是北方的蒙古部落。明朝與蒙古已相互征戰了超過兩百年的時間，明穆宗果斷調任名將戚繼光至北方，令其戍守邊境。現在能在北京看到的居庸關長城、八達嶺長城，其實就是戚繼光修建的，到了隆慶四年（1570），蒙古與明朝的關係有了關鍵性的轉變。

　　當時，蒙古韃靼部落首領俺答汗的孫子，因家庭糾紛而投靠明朝，俺答汗為了帶回愛孫，率領大軍壓境，明穆宗聽從閣臣高拱、張居正等人的建議，暫不發兵，遣使與

俺答汗進行和談。明朝使臣利用俺答汗愛孫心切，向其要求封貢歸順、引渡漢奸，並以「開放互市」作為獎勵。最終，雙方達成協議，和平解決紛爭，史稱「隆慶議和」。這場議和對於雙方來說，都是利大於弊──韃靼首領要回了自己的愛孫，也拿到了互市的機會；明朝除掉 9 位為韃靼出謀劃策的漢奸，使韃靼整體組織能力大為下降，未來更不必慎防蒙古為了搶奪物資而南侵。明朝與蒙古的商人自此可以展開商業活動，互通有無，也結束雙方長年來兵戎相向的局面，為北方邊境人民帶來和平的生活。

明穆宗改革的成功，除了歸功於自己本身的幼年經驗及仁厚性格，更不能不提當時為其所用的大臣們。隆慶時期的人才輩出，文有徐階、高拱、海瑞、張居正，武有戚繼光、王崇古、譚綸，明穆宗果斷讓文臣替自己治國，讓名將防衛邊疆，這樣星光熠熠的先發陣容奠定了隆慶一朝的興盛基礎。然而，明朝的黨爭也始於此，徐階、高拱、張居正等人都自有所盤算，恃才傲物，彼此互相彈劾鬥爭，而應該居於調解位置的明穆宗，又因性格關係而不擅長處理人事糾紛，造成內閣間的勾心鬥角越發嚴重。

此外，明穆宗雖然把國家大事處理得井井有條，但他卻有個最大的缺點──好色。當改革取得績效後，明穆宗就將權力下放給內閣大臣們，不親自處理朝政，整天在後宮縱情聲色。明穆宗甚至為了享受魚水之歡，服用大量春藥，還曾因陽物晝夜不倒而無法上朝。明穆宗對性事也毫

不隱諱，將男歡女愛的圖樣雕刻、彩繪到各式宮中用品上。大臣們因朝政忙得焦頭爛額之餘，愕然發現皇帝的荒唐行徑，連忙上疏極力勸阻，但明穆宗總是用四兩撥千金的態度，將自己的荒唐行徑歸類為「家事」，要求大臣們只要操煩國事即可。

長期服用春藥、縱慾過度的後果，也反映在明穆宗的身體健康上。隆慶六年（1572），宮中傳出皇帝病危的消息，御醫連忙為明穆宗開藥診治，明穆宗也在休養一段時間後，重回朝堂聽政，不料甫上朝就頭暈目眩，手腳不斷顫抖，只得罷朝回宮，此時，明穆宗已知自己來日不多，遂召集閣臣交代後事，此後一病不起，終於在36歲那年病逝，在位僅短短6年。「隆慶新政」也彷若曇花一現，只在明朝中期激起了小小的漣漪。

明朝重要事件小檔案：武宗～穆宗

武宗朱厚照	
1505（弘治十八年）	朱祐樘病逝，朱厚照即位。
1510（正德五年）	平定「安化王之亂」。
1517（正德十二年）	親征蒙古，史稱「應州大捷」。
1519（正德十四年）	平定「寧王之亂」。
1521（正德十六年）	朱厚照病逝，朱厚熜即位。

世宗朱厚熜	
1522（嘉靖元年）	爆發「大禮議之爭」。
1542（嘉靖二十一年）	爆發「壬寅宮變」，數位妃嬪、宮女聯手意圖殺死皇帝。
1550（嘉靖二十九年）	爆發「庚戌之變」，蒙古軍掃掠北京近郊後自行撤退。
1556（嘉靖三十四年）	關中地區發生「嘉靖大地震」。
1566（嘉靖四十五年）	朱厚熜中毒而死，朱載坖即位。
穆宗朱載坖	
1570（隆慶四年）	「隆慶議和」發生。
1571（隆慶五年）	封俺答汗為順義王，並開放封貢互市，結束明朝與蒙古部落對峙的局面。
1572（隆慶六年）	朱載坖病逝，朱翊鈞即位。

第五章 每況愈下的傾頹帝國 神宗〜思宗

　　萬曆前期，因為有首輔張居正進行改革，出現了「萬曆中興」，但在張居正死後，神宗就開始長達近三十年之久的萬曆怠政，可說是明朝由盛轉衰的關鍵。擁有悲劇人生的光宗無力回天，熹宗時又有魏忠賢亂政，使明朝國勢破敗凋敝，如同風中殘燭般苟延殘喘。最終，大明王朝在思宗的自縊身亡後，緩緩步下歷史舞台。

從此君王不早朝：神宗朱翊鈞

年號	萬曆	在位期	1572〜1620（48 年）
（取自維基共享資源）		武力 ★★★☆☆ 智力 ★★★☆☆ 魅力 ★★★☆☆ 政治 ★★☆☆☆ 外貌 ★☆☆☆☆ 特技 翹班怠政 評價 ★★★☆☆	

　　明神宗朱翊鈞（1563～1620），為穆宗三子，明朝第
十三位皇帝，在位時間長達 48 年，為明朝在位時間最長的
一位皇帝，年號萬曆。

　　朱翊鈞出生時，父親尚為裕王，還未即位，幼時雖因
聰明伶俐而深得父親喜愛，但因為祖父世宗不喜歡這個孫
子，因此並不受重視，甚至到 5 歲以前，朱翊鈞都還沒有
起名，一直到世宗過世後，父親穆宗即位，朱翊鈞的命運
才有所改變。

　　朱翊鈞早在身為太子的時候，就已經開始接受完整的
教育訓練，他的老師正是將他視如己出的張居正，在張居
正的細心教導之下，朱翊鈞很快地學習到治國的真本事。

　　原則上，我們可以將明神宗在位的 48 年統治時間，切
割為三個時期——從萬曆元年（1573）至萬曆十年
（1582），由李太后、太監馮保及張居正共同輔政的時
期；張居正過世後，明神宗親政時期；萬曆十六年
（1588）後，明神宗開始怠政荒廢的時期。

　　朱翊鈞在 9 歲那年即位，成為明神宗，由於年紀尚輕，
所以由李太后聽政，內外之事由太監馮保及首輔張居正主
持。在這十年間，小皇帝及李太后全力支持張居正進行改
革，改革的方針以兩方面為主，一是推行考成法，二是實
行「一條鞭法」。

　　所謂「考成法」，是採各部門分級監督的方式，藉此
提高政府的行政效率。此制度以內閣為最高指揮中心，原

本須向皇帝負責的單位，在施行考成法後，便統一歸於內閣管轄，也就是將一部分皇權轉移給內閣處置。當時尚且年幼的明神宗還不太能明瞭其中的利害關係，待張居正死後，明神宗親政，才終於了解到自己的皇權早已被割裂，內閣已擁有太大的權力，甚至隱隱能和皇帝分庭抗禮；這成為明神宗怒而清算張居正的理由之一。

在民生經濟方面，張居正先清丈全國田畝，改善過往田制的混亂，讓地主確實繳納稅賦，接著便開始推行「一條鞭法」制度，把田賦、力役和其他雜稅合編為一條，統一按田畝核算徵收，此兩項措施在萬曆六年（1578）先在福建一地試行，兩年後便獲得豐碩的成果，於是在萬曆九年（1581），「一條鞭法」正式推行全國。在明神宗與張居正上下齊心的改革下，國家的經濟狀況獲得極大的改善，被稱為「萬曆中興」。

萬曆十年（1582），張居正因病逝世，開啟了明神宗的親政時期。張居正與明神宗的互動一向非常良好——張居正身為明神宗的老師，他盡己所能地教導皇帝，並給予「一日為師，終身為父」的關懷；身為明神宗的臣子，他鞠躬盡瘁，並展現高度忠誠，而明神宗對張居正也非常尊敬，常尊稱他為「先生」而不直接指名道姓。

在《明神宗實錄》中甚至記載，某次張居正腹痛難耐，明神宗還親自煮辣麵給張居正吃，希望能以辣熱治療腹痛之疾，可見兩人關係之深厚。

　　然而，明神宗親政後的第一件大事，竟然是清算張居正！明神宗對張居正的態度之所以一百八十度大轉變，除了與「張居正權力過大、功高震主相關」外，還包括張居正為人過於自負，不能謙虛待人，因此不少生前得罪的官員在其死後進行反擊，拼命上疏彈劾張居正生前的所作所為，導致張居正一家被抄家。原本可成為後世美談的君臣關係，最後竟以政治悲劇收場，實在令人不勝唏噓！

　　明神宗親政初期尚能勤於朝政，維持中興局勢。明神宗也將他的政治才能充分顯現在「萬曆三大征」之中——包括平定哮拜叛亂的「寧夏之役」、抵抗日本豐臣秀吉發兵侵略朝鮮的「朝鮮之役」，以及平定土司楊應龍叛亂的「播州之役」，雖然每次出征花費甚鉅，但對於確保明朝的疆域版圖功不可沒。

　　然而，自從張居正死後，明神宗身邊就少了一個良師督導，明神宗壓抑許久的享樂欲望因此傾瀉而出，從萬曆十六年（1588）起，明神宗開始沉溺於酒色之中，此後竟長達近三十年不上朝，開啟了萬曆中晚期的怠政時期。

　　明神宗曾在萬曆十四年（1586）間，有一次稱病未上朝，大臣們本不以為意，想不到明神宗就此嚐到「翹班」的樂趣，在兩年後開始不出宮門、不理朝政，與群臣幾乎斷絕聯繫。早在太祖廢除宰相制度後，權力就集中在皇帝手中，皇帝可說是政府的唯一決策者，當皇帝完全不理朝政時，自然有可能使國家發展停滯不前。

　　萬曆怠政時期，不少新進官員甚至從未見過皇帝一面。怠政時間越長，荒謬事情就越多，因為明神宗的神隱，不朝、不見、不批，缺官也不補，導致明朝中央政府機構運作幾乎完全失靈，大臣們每天只能無所事事地四處遊蕩，即使有朝臣想拉逐漸傾頹的王朝一把，都顯得無能為力，國家機器至此幾近停擺。

　　更有甚者，不少朝臣因為生病而上疏辭呈，請求准予辭官休養，但卻因皇帝避不上朝、不處理奏摺而沒有下文，最後逼不得已，只能棄官而去。萬曆四十年（1612）以後，「上疏自去」這種狀況更是屢見不鮮。

　　明神宗不上朝的原因眾說紛紜，除了沉溺酒色之外，歷史學者們還有其他不同的見解。一說是明神宗吸食鴉片上癮，再加上沉迷酒精，所以無法上朝；另一說是明神宗生來駝背，兩腳一長一短，因此對自己感到自卑而不想上朝；再有一說，這也是較為可信的說法——明神宗是因為「冊立太子」的問題而與群臣鬥氣，所以用「長期怠政」作為反擊，這起事件就稱為「國本之爭」。

　　「國本之爭」究竟是怎麼發生的呢？

　　時間上溯回萬曆九年（1581），明神宗因一時興起，寵幸了宮女王氏，王氏因此受孕而生下了皇長子朱常洛，也就是之後的光宗。王氏母憑子貴，被封為恭妃。朱常洛雖貴為皇長子，但不受明神宗喜歡，當朝臣屢次上疏請立朱常洛為太子時，明神宗總找萬般藉口推辭。太子之位就

這樣空懸了數年。

到了萬曆十四年（1586），明神宗最寵愛的鄭貴妃終於生下三子朱常洵，明神宗大喜，想立朱常洵為太子，但遭到大臣極力勸阻，因此冊立太子一事只能一而再、再而三地拖延。

直到萬曆二十九年（1601），在太后及首輔的干預下，明神宗才終於心不甘情不願地讓步，冊立長子朱常洛為太子，並封自己最愛的三子朱常洵為福王。

在這段君臣角力的過程中，還發生了兩次「妖書案」，有人大肆散布謠言，直指鄭貴妃意圖加害皇長子朱常洛。「妖書案」的爆發使明神宗大怒，身為反東林黨首領的內閣首輔沈一貫藉機將矛頭指向政敵東林黨人，兩派人士相爭不休，互不相讓，不少大臣因此涉入其中，更有許多人遭到懲處。也或許是鬥爭的過程讓明神宗覺得心灰意冷，所以成為他多年不上朝的原因之一。

明神宗晚年，身體狀況每況愈下，東北女真部族也在努爾哈赤的帶領下崛起，明神宗在萬曆四十七年（1619）對其發動「薩爾滸之戰」，沒想到卻在兵力上有絕對優勢的情況下大敗，更讓國家元氣大傷。鬱鬱寡歡之下，明神宗終於在萬曆四十八年（1620）駕崩，享年 57 歲。

萬曆後期，明朝國勢由盛轉衰；文官集團的黨爭互鬥，更使明朝朝政陷入黑暗；女真部落的乘勢崛起，則種下明朝滅亡的種子。

一個月光速下台：光宗朱常洛

年號	泰昌	在位期	1620～1620（29 天）

（取自維基共享資源）	武力 ☆☆☆☆☆
	智力 ★★★☆☆
	魅力 ★★★☆☆
	政治 ★★★☆☆
	外貌 ★☆☆☆☆
	特技 衰運降臨
	評價 ★★☆☆☆

　　明光宗朱常洛（1582～1620），為神宗長子，明朝第十四位皇帝，在位時間僅短短 29 天，年號泰昌。朱常洛雖為嫡長子，但因得不到父親的關愛，加上神宗寵愛的鄭貴妃一直有奪嫡之心，所以朱常洛的太子之位坐得極不安穩，宮中的鬥爭始終都在威脅他的地位，明代末期發生的三大案中，就有二案與朱常洛有關。

　　萬曆四十三年（1615），發生了著名的明末三大案之一的「梃擊案」。一日中午時分，受鄭貴妃手下太監指使的刺客張差，手持木棍闖入太子朱常洛居住的慈慶宮，打傷數名太監後還想刺殺朱常洛，所幸值班侍衛及時趕到，將刺客壓制，朱常洛才倖免於難。

　　梃擊案疑點重重。首先，刺客張差的身分只是一介草

民，他為何能潛入戒備森嚴的皇宮？為何能輕易找到太子居所？經過一番查證後，終於發現此事的主使者是鄭貴妃手下的太監，鄭貴妃連忙喊冤，表示自己是被陷害的，神宗令鄭貴妃親自向朱常洛說明，而宅心仁厚的朱常洛也不想擴大事端，便不再追究，此事便在神宗下令處死刺客及杖斃指使太監後草草落幕。

發生「梃擊案」後，也為朱常洛的人生帶來轉折性的影響。由於滿朝官員一致認定「梃擊案」的幕後主使人是鄭貴妃，意圖刺殺太子、擁立福王朱常洵為儲君，因此，神宗在朝臣的壓力下，只得命朱常洵離京，就藩封地洛陽，朱常洛的太子之位終於就此穩固。

朱常洛即位，成為明光宗，即使在位期只有短短一個月，但仍小有作為。首先，他將萬曆時期創設的「礦稅」廢除，減輕百姓納稅的壓力；再者，他想盡辦法選拔人才，把因父親神宗三十年不上朝而難以繼續運作的中央、地方政府官員補齊，讓國家機器終於能正常運轉；另外，他還下令從內帑（皇帝的私房錢）中調撥百萬兩銀子犒賞邊疆軍官。以上種種作為，都能看得出明光宗其實試圖帶領殘破不堪的明朝走出一片新氣象，奈何在他即位沒多久，身上又發生了另一個明末三大案──「紅丸案」。

明光宗即位時的年紀其實已接近四十，平時政務繁忙，晚上又縱慾過度，沒過多久，身體便因負荷不了而生病，本來只須靜心休養一段時間便可痊癒，沒想到明光宗

吃了太監崔文昇進獻的通利藥後，一夜連續腹瀉三、四十次，更加重皇帝的病情；沒隔幾日，鴻臚寺丞李可灼又向明光宗進獻了兩顆紅丸，明光宗服用後病情稍有好轉，但過沒幾日，病情急轉直下，終於一命嗚呼。

明光宗一生的波折不斷，好不容易藉著「梃擊案」坐穩太子之位，當上皇帝後又因「紅丸案」猝死，在位僅 29 天，天縱英明也枉然。

木匠才是本命：熹宗朱由校

年號	天啟	在位期	1620～1627（7 年）

武力 ☆☆☆☆☆
智力 ★☆☆☆☆
魅力 ★☆☆☆☆
政治 ★☆☆☆☆
外貌 ★☆☆☆☆
特技 木工
評價 ★☆☆☆☆

（取自維基共享資源）

明熹宗朱由校（1605～1627），為光宗長子，明朝第十五位皇帝，年號光啟。由於父親光宗不受祖父神宗待見，自然也對孫子朱由校沒什麼感情，再加上光宗即位僅短短一個月，便因「紅丸案」暴斃，不僅來不及冊立太

子，也未能聘請良師教導朱由校，朱由校就在這樣的情況下，匆匆忙忙地當上了皇帝。

明熹宗即位之初，發生了明末三大案的最後一案——「移宮案」。

當時明熹宗的養母李氏是光宗的寵妃，光宗即位後下詔封李氏為皇貴妃，但李氏並不滿足，貪婪地要求許以皇后之位，同時，大臣也上奏，請光宗先處理太后逝世的諡號，處理完後再進行皇貴妃的冊封。

不料，光宗即位不滿一個月就猝逝，李氏連皇貴妃都沒撈著，李氏見狀便賴在乾清宮（皇帝的居所），打死不離開。朝中的東林黨人擔心李氏意圖挾持皇帝垂簾聽政，便輪番上疏，要求李氏盡速搬離，沒想到李氏竟無動於衷。一直到即位的明熹宗下令後，她才心不甘情不願地離開乾清宮，回到自己的住所。

由於「移宮案」因有東林黨人的協助與發聲，才得以迅速落幕，明熹宗因此重用了不少東林黨人，所以天啟初期的政治還算清明。

「東林黨」起源於世宗嘉靖末年，以徐階為首的江南官僚就是東林黨的雛形。到了神宗萬曆年間，顧憲成成立「東林書院」並在此講學，此後，在東林書院內暢談國事者便自稱為「東林黨人」。東林黨人時常指責朝中奸佞，自然引來政敵的不滿與反擊，因此在明熹宗一朝就爆發了由東林黨與閹黨互相衝突的「東林黨爭」。

　　當時明熹宗寵信太監魏忠賢。魏忠賢在皇帝尚未登基前就與他相熟，在明熹宗即位後，魏忠賢的地位也跟著水漲船高。魏忠賢有了明熹宗撐腰，又在後宮勾搭上了皇帝的乳母客氏，兩人狼狽為奸，一同把持朝政。依附於魏忠賢一方的就被通稱為閹黨，成為一股龐大的貪腐勢力。當時有人稱魏忠賢為「九千歲」，只比皇帝的「萬歲」差一階而已，可見魏忠賢權勢之大。

　　朝中出現魏忠賢這樣的奸臣，東林黨人自然不會坐視不理，屢屢上疏指責魏忠賢的罪狀，但魏忠賢靠著皇帝庇佑，在天啟四年（1624）逃過一劫後，開始進行反擊。魏忠賢假造東林黨人的罪狀上疏，促使明熹宗下詔燒毀東林書院，並將朝中東林黨人逼死或殺害。至此，天啟年間的東林黨爭暫時劃下句號，由閹黨取得勝利，不過，東林黨爭的餘波卻一直延續到清朝初年。

　　明朝自萬曆年間的「神宗怠政」之後，國力由盛轉衰；天啟年間又有魏忠賢亂政及女真部族的侵擾，更使明朝一步步邁向滅亡，而明熹宗本人則礙於自身能力有限，難有一番作為。

　　前面就有說到，明熹宗因祖父神宗不喜、父親光宗早逝，幾乎沒有接受任何教育，也沒有任何輔政經驗，每每批閱奏章都要旁人唸給他聽，並協助講解奏章上的意思，他才能下決斷。

　　據載，曾有一年扶餘、琉球、暹羅三國派使臣進貢，

奏章以漢字呈現，上面寫了些讚美皇帝的字句，但明熹宗及身旁的魏忠賢都不識字，以為使臣是來交涉問題、找麻煩的，不由得大怒，把奏章擲落在地，甚至指著使臣的鼻子怒罵。明熹宗不明究理發飆的性格，顯見他完全缺乏治國的能力。

另外，明熹宗還有一個特別的興趣——喜歡木工。明熹宗在木工上的天分遠高於治國，他的作品甚至連專業木工師傅看了都自嘆不如。相傳，明熹宗具有木工長才，無論是鋸斧、刀鑿，還是上漆，他只要稍加嘗試過後，就能完全上手。或許是在完成木器時獲得了巨大的成就感，使明熹宗常常擱下奏摺，沉迷在木工之中，甚至達到廢寢忘食的地步。

身為受皇帝寵信宦官的魏忠賢，總是趁明熹宗專心致志做木工的時候，帶著奏章請皇帝批閱，這時明熹宗完全專注在木工上，對於國家大事，往往隨口一句「我知道了，你看著辦吧！」就草草結束了批閱環節，直接把國家大事交由魏忠賢全權處理，使魏忠賢得以逐漸掌握大權。

天啟七年（1627），明熹宗在宦官魏忠賢等人的建議下，前往西苑遊湖泛舟，沒想到遊湖小船不慎翻覆，明熹宗因而落水，自此染上病症，幾個月後病情加重，因諸子早夭，故召五弟信王朱由檢至病榻前交代後事，隨後便駕崩，得年 23 歲。

都是諸臣誤我：思宗朱由檢

年號	崇禎	在位期	1627～1644（17 年）

（取自維基共享資源）

武力 ☆☆☆☆☆

智力 ★★★☆☆

魅力 ★★☆☆☆

政治 ★★★☆☆

外貌 ★☆☆☆☆

特技 多疑 ＋ 嗜殺

評價 ★★☆☆☆

　　明思宗朱由檢（1611～1644），為光宗五子，明朝第十六位，也是最後一位皇帝，年號崇禎。熹宗駕崩後，因其子嗣早夭，所以由熹宗的異母弟弟朱由檢即位，此時此刻的朱由檢萬萬想不到大明江山會斷送在自己手中。

　　明思宗即位之初，宮廷中的最大勢力依然屬於閹黨魏忠賢一派。明思宗甫登上皇位時如履薄冰，深怕被魏忠賢陷害，相傳在明思宗在入宮後的第一晚，他徹夜未眠，緊張兮兮地手持佩劍防身，同時也拒絕吃宮中的膳食，只以私藏的麥餅裹腹，直到長期侍奉自己的太監及宮女進了宮，才放下了心，開始宮中的新生活。

　　明思宗深知魏忠賢是顆毒瘤，對於大明王朝有巨大危害，因此下定決心要誅除魏忠賢，年僅 17 歲的明思宗在這

件事的處理上，表現出超齡的沉穩及智慧。明思宗表面上
迎合魏忠賢，不與他產生衝突，私底下卻不斷試探其他大
臣的心意。有些較敏感的大臣察覺到皇帝的意圖，開始上
疏彈劾閹黨，明思宗也藉機對閹黨進行誅除、撤換，直到
閹黨中的要角——兵部尚書崔呈秀的官職遭罷免後，魏忠
賢才察覺不妙，但其後彈劾魏忠賢的奏疏接二連三地出
現，明思宗這才大手一揮，直接把魏忠賢貶至鳳陽，自知
大勢已去的魏忠賢，遂帶著自己的心腹太監自縊身亡。接
著，明思宗又賜死與魏忠賢聯手作亂的客氏（熹宗的乳
母），再將魏忠賢餘黨處死、流放或下獄。此番整飭吏治
之後，政治上終於回歸清明，幾乎給人一種「崇禎中興」
的錯覺。可惜的是，明思宗在好不容易剪除魏忠賢勢力
後，又開始寵信以王承恩為首的另一批太監，朝廷再度陷
入宦官亂政的泥淖中。

　　從明思宗處理魏忠賢一派的過程中，我們能看到他所
展現出來的非凡政治手腕及高度智慧，然而明思宗本身的
人格卻存在極大的缺陷，甚至能直接導致國家的滅亡。

　　明思宗平時勤於政事，事必躬親，同時節儉愛民，不
近女色，這些品德都是被後世歌功頌德的好皇帝所應該擁
有的。不過，明思宗雖然勤於政事，卻因自身能力不足，
反而將國事越理越亂；雖然節儉愛民，但卻在民間百姓身
上加諸明朝最重的賦稅，讓百姓甚至無法生活，造成多起
農民起義事件，再加上這些超額的賦稅乃直接進入皇帝個

人的內帑，無法帶動國家發展，甚至在國家連軍餉都無法發放時，明思宗也不樂意從自己的小金庫掏出半毛錢。

　　明思宗生性多疑，他在位 17 年間，內閣大學士就換了 50 個人，所用的閣臣多昏聵無能、膽小怕事，難以有所建樹，就內閣首輔也時常遭到撤換，其中，溫體仁擔任了 8 年的內閣首輔，是任期最久的內閣首輔，可惜他品行不端，難有大用。由閣臣撤換的高頻率可見，明思宗無法完全信任任何人，只要稍有風吹草動，他便會先下手為強，把所有可能構陷、危害到自己的人，通通誅除。

　　明思宗還有另一個缺點，就是好殺戮。大臣只要稍有不慎，就會獲罪被殺；到了崇禎後期，局勢嚴峻，明思宗更是變本加厲，只要有城池陷落，就會將當地守將處死，在這樣的壓力下，有不少武將就在兵敗後投降農民軍或清軍，使明思宗到末年幾乎無將可用。明思宗的擅殺，也讓他鑄下了殺害名將袁崇煥的大錯。

　　明末，東北關外的後金勢力崛起，對明朝虎視眈眈，時不時發兵南下侵略，明朝的軍事實力也因國勢漸衰而趨居下風。明思宗在剪除魏忠賢勢力後，便任用袁崇煥為兵部尚書，負責統領東北地區的軍事防務，全力阻擋後金勢力南下。袁崇煥雖為文人出身，但他卻擁有過人的軍事天分，在他的指揮調度之下，後金難以越過雷池一步。此時後金採用「反間計」，讓民間傳出「袁崇煥與後金早有密約，意圖吞併大明江山」的謠言，成功離間明思宗與袁崇

煥。崇禎三年（1630），明思宗下令處死袁崇煥，袁崇煥一死，明朝再也無人可以抵抗後金侵略。

　　崇禎年間，內憂外患交迫，外有後金勢力，內有農民起義，再加上旱災、蝗災、洪災、瘟疫頻發，糧食極度缺乏，百姓只能靠吃草、吃樹皮過活，甚至發生人吃人的慘劇。不甘餓死的人民便轉而成為盜匪，或是組織農民反抗軍，企圖推翻明朝政府。

　　在所有的農民起義軍中，最有名的莫過於「闖王」李自成。李自成原本是一名陝北驛站的驛卒，但因明思宗為了節省開支裁撤驛站而失業，李自成隨後投軍並發動兵變，掌握軍權，儘管被名將洪承疇擊敗，但他轉往山西投奔舅父「闖王」高迎祥，但也是不敵名將紛出的明軍，節節敗退，甚至高迎祥也被陝西巡撫孫傳庭殺死，但李自成也因此得以收攏高迎祥殘部，李自成的農民軍遂開始壯大。隨後，李自成的謀士李岩、牛金星等人建議李自成大賑饑民，發出「迎闖王，不納糧」的政治口號，更使李自成獲得民眾的擁戴，李自成的軍隊在一夕之間發展到數萬人。此後，李自成攻克洛陽，擊殺福王朱常洵，取得神宗賞賜給愛子的諸多金銀財寶，李自成再次開府庫賑民，也再次壯大了李自成的部隊。

　　至此，李自成崛起之勢已無人可敵，崇禎十七年（1644），李自成的大軍已兵臨北京城下，原本京城的守軍也因為國家發不起糧餉而叛變。明思宗自知大勢已去，

遂令三名兒子化妝成平民逃出紫禁城，命周皇后、袁貴妃自縊殉國，自己再砍殺嬪妃、女兒數人。做好這些處置之後，明思宗帶著一批太監衝出宮門，尋求一線生機，不過四周早已被敵軍團團包圍，不得已只好返回宮中。心灰意冷的明思宗，帶著心腹太監王承恩登上紫禁城後的景山，用衣帶寫下了遺書，接著便與王承恩一同上吊自殺，享年34歲。

三天過後，明思宗的遺體被發現，遺書上寫的「皆諸臣之誤朕」說明了明思宗到死依然不認為自己是亡國之君，而是被奸臣所誤。不過，再多的推託之辭也無法改變大明王朝已不復存在的事實，此後在清朝統一中原之前，中國被割裂成三個部分——李自成的大順、東北方的大清，以及明朝皇族偏安的南明。

明朝重要事件小檔案：神宗～思宗

神宗朱翊鈞	
1572（隆慶六年）	朱載坖病逝，朱翊鈞即位。
1581（萬曆九年）	「一條鞭法」推行全國。
1582（萬曆十年）	張居正病逝，朱翊鈞親政。
1601（萬曆二十九年）	冊立朱常洛為太子。
1615（萬曆四十三年）	爆發「梃擊案」。

1616（萬曆四十四年）	女真部族努爾哈赤建立「後金」。
1619（萬曆四十七年）	爆發「薩爾滸之戰」，明軍大敗於金軍。
1620（萬曆四十八年）	朱翊鈞逝世，朱常洛即位。
光宗朱常洛	
1620（泰昌元年）	爆發「紅丸案」，朱常洛因食用紅丸而猝死，朱由校即位。
	爆發「移宮案」。
熹宗朱由校	
1624（天啟四年）	東林黨人上疏彈劾魏忠賢數十條大罪，失敗，反遭誣陷而死。
	與荷蘭軍發生「澎湖之戰」，荷蘭在明朝官員的示意下佔據台灣。
1626（天啟六年）	發生「王恭廠大爆炸」。
1627（天啟七年）	朱由校病逝，朱由檢即位。
思宗朱由檢	
1630（崇禎三年）	袁崇煥遭凌遲處死。
1634（崇禎七年）	後金大汗皇太極更族名為「滿州」。
1636（崇禎九年）	後金大汗皇太極改國號為「大清」。
1644（崇禎十七年）	甲申之變，李自成攻破北京，朱由檢自縊而死。
	吳三桂引清兵入關。

第六章　苟延殘喘的南明政權
弘光帝～永曆帝

　　在「闖王」李自成攻破北京，思宗自縊而死之後，明朝正朔宣告滅亡，但不少明朝皇族與官員逃到南方，開啟一個為期18年的南明政權。然而，南明政權卻往往不被納入正史之中，最主要的原因，就是南明政權的領導者往往不具正統性，也因此難以鞏固王權，這也造成了南明諸王間充斥著互鬥與內耗，加劇了南明的滅亡腳步。

福祿宴之子：弘光帝朱由崧

　　弘光帝朱由崧（1607～1647），為福王長子，南明第一位皇帝，僅在位1年就被清軍俘虜、處死，年號弘光。

　　朱由崧之父為福王朱常洵，生於萬曆朝，在「梃擊案」發生後，他與父親一同就藩於洛陽，後受封為福王世子。崇禎十四年（1641），闖王李自成攻陷洛陽，福王父子利用繩索從城牆上墜下逃離，父親朱常洵躲在寺廟裡，卻很快被農民軍搜出殺害，甚至李自成還割下屍體上的肉，與皇家園林中的梅花鹿一起烹煮，最後和部將一起分食人肉及鹿肉，並稱之為「福祿宴」；兒子朱由崧則順利

逃脫，輾轉逃至淮安。

三年後，李自成攻陷北京，思宗自縊而死。儘管北京已經淪為李自成的根據地，但南京及南方各省仍在明朝勢力的控制下，因此，南京的諸臣準備另立新帝來對抗滿清及農民軍。由於思宗之子在李自成攻破北京時下落不明，因此只能將血脈上溯，最後，南京眾臣依明朝立儲「有嫡立嫡，無嫡立長」的原則，擁立福王朱由崧為帝。崇禎十七年（1644），吳三桂引清兵入關，不久後，朱由崧也在南京武英殿即位，定次年為弘光元年，是為弘光帝。

被明末名臣史可法認定「不忠不孝」的弘光帝，也想有一番作為，因此，他下令免稅，但得以免去賦稅之處卻是他無法管控的地方——「山東」和「北直隸」。因此，弘光帝儘管下令「免稅」，實際上卻對南明統領地區的百姓生活毫無助益。

接下來，就來說說弘光帝身處的環境。弘光帝當時的國防部長（兵部尚書）正是名將史可法。史可法當時正在江北的揚州駐紮，但江北其實被四個擁兵百萬的軍閥所割據，因此實際上史可法無法調動江北四鎮的兵力進行防守。到了弘光元年（1645），清兵圍攻揚州，史可法率城中百姓抵抗，使清軍久攻不下、損失慘重，史可法也向朝廷發出求援信號，沒想到周邊的四個軍閥首領冷眼旁觀，致使揚州在數日後淪陷，怒不可遏的清軍在破城後，開始進行為期十日的大屠殺，史稱「揚州十日」。

揚州失陷之後，清軍步步進逼南京，弘光帝在某日暗夜倉皇出逃，隨後南京諸臣眼見大勢已去，便投降清軍，弘光帝也在數日後被抓獲，沒過多久就被清攝政王多爾袞以「謀反」之罪問斬。

鄭芝龍害我：隆武帝朱聿鍵

隆武帝朱聿鍵（1602～1646），為太祖二十三子唐王後裔，南明第二位皇帝，在位也僅 1 年時間，年號隆武。

早在弘光元年（1645）南京被清軍攻破、弘光帝被俘虜後，身為明朝皇室子孫的朱聿鍵，就在鄭芝龍等大臣的輔佐下於福州稱帝，改年號為隆武。

隆武帝繼位沒多久，清軍就繼續南下，沿途攻破金華、建寧等地，鄭芝龍也在清將博洛的利誘下投降滿清，隆武帝也因此失去了最大的靠山，慌忙帶著宮嬪出逃，最後被清軍所殺。

值得一提的是，在隆武帝稱帝的同時，還有個明朝皇室也在附近「監國」，就是魯王朱以海。隆武帝在稱帝後曾與魯王發生爭執，因此雙方人馬並沒有同仇敵愾地一起抗清，反而是各自為戰。儘管魯王的兵馬比隆武帝更加團結一心，但他的根據地實在太小，最後，隆武帝及魯王的勢力被清軍先後擊破，隆武帝被殺，而魯王順利逃至海上，繼續在沿海一帶抗清。

四十天皇帝：紹武帝朱聿鐭

　　紹武帝朱聿鐭（1605～1647），為隆武帝之弟，南明第三位皇帝，在位僅 40 天，只比因「紅丸案」突然猝死的光宗長 10 餘天。

　　在隆武帝因鄭芝龍降清而身死後，隆武朝遺臣擁護隆武帝之弟朱聿鐭逃往廣東，但其餘的南明勢力卻選擇推舉桂王朱由榔監國，隨後，朱由榔在聽聞江西贛州失守後，倉皇逃至廣西，使滯留廣東的朱聿鐭抓到機會稱帝。隆武二年（1646），朱聿鐭倉促稱帝，定年號紹武；尚未稱帝的朱由榔驚怒異常，連忙也跟著稱帝，定年號永曆。至此，南明又開始了內鬥。

　　永曆帝率先遣使拜見紹武帝，勸其取消帝號、奉己為主，紹武帝遂與永曆帝展開內戰，紹武帝很快地利用新降服的萬人海盜軍團擊敗了永曆軍，儼然即將成為正統皇帝。就在南明政權為了正統互鬥之時，清軍已經打下潮州與惠州，甚至假造傳達「一切太平」的訊息給紹武帝。

　　剛大勝於永曆軍的紹武帝還沒高興多久，清兵就偷渡到了廣州城下，最後靠著潛藏的內奸打開了城門，攻下廣州，紹武帝也殉國而死，結束為期 40 日的統治。廣州地區的數十個明朝藩王也同時被殺，永曆帝終於成為南明唯一具備正統性的皇帝。

南明末代帝王：永曆帝朱由榔

　　永曆帝朱由榔（1623～1662），為神宗之孫、思宗堂弟，南明第四位皇帝。儘管因清兵南下而被迫四處流亡，但在位期與其他三帝相比，長了很多，足足有 16 年之久。

　　為什麼永曆政權能存活這麼久？有兩個原因。一是永曆帝成為南明正統；二是永曆帝有兩股武裝力量擁護他。

　　在隆武二年（1646）時，清軍攻破廣州城，當時廣州地區的所有明朝藩王都被清軍殺死，僅有永曆帝逃過一劫，成為碩果僅存的明朝皇室子孫。既然永曆帝已經是明朝最後一條血脈了，那麼，打著「反清復明」口號的勢力，勢必得奉其為主，這也是他在中後期能擁有反清勢力支持的原因。

　　當時支持永曆帝的兩股反清勢力，其一是被清軍打得節節敗退的農民軍，另一支則是率領父親鄭芝龍餘部的鄭成功。在滿清入關之後，清軍除了持續南下征討南明政權外，也朝各地農民軍發動攻擊。正所謂「敵人的敵人就是朋友」，於是農民軍將領李定國、孫可望等人便奉永曆帝為主，率軍在中國西南一帶遊走、抗清。

　　在這兩股反清軍事力量的支持下，永曆一朝自然能存活較長時間。然而，永曆帝以西南一帶為根據地，腹地太小，鄭成功則在後期將台灣設為根據地，對於中國內地自然鞭長莫及。因此，在清軍猛烈攻勢之下，永曆帝仍在永

曆十五年（1661）出逃至緬甸，雖獲得緬甸國王莽達收留，但在吳三桂率兵攻入緬甸、緬甸國王之弟莽白趁機發生兵變後，遭莽白獻給吳三桂，之後被吳三桂以弓弦絞死，南明至此劃下句點。

然而，「永曆」這個年號，卻沒有因永曆帝死亡而終止。當初鄭芝龍之子鄭成功接收父親遺部後，在東南沿海繼續抗清事業，甚至在永曆十一年（1657）一度反攻到南京城下，可惜被清軍擊退，最後只能退守廈門與金門。兩年後（1659），鄭成功聽取何斌建議，準備攻取台灣。最後，終於在永曆十五年（1662）擊敗荷蘭守軍，佔據全台。「永曆」就這樣一直在台灣地區延續，直到施琅攻台、鄭成功之孫鄭克塽降清後，才告終止。

明朝重要事件小檔案：弘光帝～永曆帝

弘光帝朱由崧	
1644（崇禎十七年）	福王朱由崧即位，「南明」政權開始。
1645（弘光元年）	清兵圍城揚州，城破後守將史可法陣亡，清軍進行為期十日的大屠殺，史稱「揚州十日」。
	清兵攻破南京，朱由崧被俘，唐王朱聿鍵於福州即位。

隆武帝朱聿鍵	
1646（隆武二年）	鄭芝龍投降滿清，朱聿鍵被殺，弟朱聿鐭逃至廣東即位。
紹武帝朱聿鐭	
1646（隆武二年）	桂王朱由榔稱帝。
	清兵攻陷廣州，朱聿鐭自縊而死。
永曆帝朱由榔	
1647（永曆元年）	賜鄭成功「朱」姓。
1661（永曆十五年）	鄭成功正式發兵攻台。
1662（永曆十五年）	朱由榔被緬甸國王押至清軍兵營，數月後被殺。

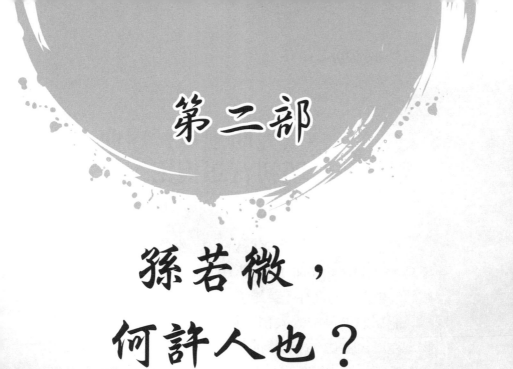

第二部

孫若微，
何許人也？

第一章 《大明風華》序曲 明初背景揭密

　　在重男輕女的中國古代社會中，女性想要出頭天實屬不易，但在中國浩瀚的歷史當中，卻不乏出現一位又一位躍然於史書上的女性「英雄」。

　　能寫進史書中的人物，無一不是當代響噹噹的大人物。在漢代確立「後朝修前朝史」的原則後，使當代史書多在數百年後才能著成，而百年後的人們回首從前，往往只會記得那些權傾一時或對當代有特殊貢獻的英雄豪傑。其中，就有一群不平凡的女性，她們的事蹟連以男性為主的史家們都無法忽視，所以史書中常常有《列女傳》這個項目，如數家珍地記載著當代女性的不凡人生。

　　除了《列女傳》之外，《後宮》傳記也是個可以一窺歷史上各代皇宮內女性的最佳史料，不僅能讓後人知道這些後宮嬪妃的人格特質，也能揭發最令人好奇的神秘後宮生活，如《晉書》的後宮皇妃傳記，就把晉武帝奢靡的後宮生態活靈活現地展現在薄薄的書頁間。

　　到了現代，以後宮「宮鬥生活」為主要賣點的宮廷劇，更成為世人所熱愛追逐觀賞的娛樂性戲劇，使觀眾活在與王公貴族談戀愛、當上娘娘母儀天下的幻想中。至於

宮廷劇所寫的故事到底是否為真？就讓筆者藉由改編自蓮靜竹衣小說《六朝紀事》的《大明風華》一劇，來講述明朝初期最真實、磅礴的歷史。

「靖難之變」是怎麼發生的？

《大明風華》的第一幕，就是明初首都南京城遭燕王朱棣攻陷，困守宮中的惠帝驚慌亂竄，最終剃頭，消失在宮火中。此事就是明初最重要的動亂──「靖難之變」。

然而，「靖難」究竟為何發生？惠帝又是個怎麼樣的皇帝呢？

明惠帝本名朱允炆，是朱元璋的孫子。其父朱標是朱元璋與「大腳皇后」馬皇后生下的嫡長子，朱標自然成為第一繼承順位的皇太子。但朱標早逝，朱標的長子朱雄英也早逝，重視宗法嫡傳制度的朱元璋，就將儲君之位給了朱標的二子、同時也是自己最喜歡的孫子──朱允炆，使他成為皇太孫。

洪武三十一年（1398），朱元璋過世，太孫朱允炆即位，改號建文，史稱建文帝。明太祖諸子當中，太子早逝，二子秦王與三子晉王也都相繼過世，就繼承順位來看，四子燕王朱棣其實是最有可能成為皇帝的，所以當皇太孫朱允炆繼承皇位時，身為叔叔的朱棣定是心有不甘。

朱元璋率軍趕跑元朝蒙古人、建立明朝後，沒過多久

便大封諸子為王。諸王盤據四方，埋下後世割據的隱憂。燕王、周王、齊王、湘王、代王、岷王等宗親諸王，各擁重兵，雄踞一方，各王也時不時在暗地裡做一些不法之事。如何讓叔叔們乖乖聽命於自己，成為惠帝甫即位便必須要面對的首要難題。

惠帝的事蹟流傳後世者不多，主要因為其事蹟多被繼位的明成祖朱棣焚毀或竄改，成祖把惠帝塑造成一個十足的昏君，但依據殘存的資料可以看出，惠帝其實是個仁孝之君。他在父親朱標病重時專侍在旁，甚至比一般百姓還要勤於服侍父親，這在以「冷血」著稱的皇家中是相當罕見的；朱標死後，他也善盡服喪之禮。惠帝即位後，將祖父朱元璋諸多的勞民政策加以改革，足以彰顯他對底層人民的憐惜之心。惠帝曾下詔：「興州、營州、開平諸衛軍，全家在伍者免一人；天下衛所軍，單丁者放為民。」簡而言之，就是釋放小部分的軍隊人力，讓他們返鄉，種田養家。之後還下詔減免天下田租，並釋放黥面軍人、囚徒返家。以上都是惠帝時期，受人稱道的仁政。建文二年，惠帝又下令減免江浙一帶的重稅，藉此平衡全國的賦稅重擔，此政策也獲得廣泛的好評。

同時，惠帝也是願意聽進臣子諫言的君王。《明史‧尹昌隆傳》中就有敘及：「昌隆疏諫曰：高皇帝雞鳴而起，昧爽而朝，未日出而臨百官，陛下宜追繩祖武，兢兢業業，憂勤萬機。今日上數刻，猶未臨朝，群臣宿衛，疲

於伺候，曠廢職業，上下懈弛，播之天下，傳之四裔，非社稷福也。帝曰：昌隆言切直，禮部宜宣示天下，使之朕過。」也就是大臣尹昌隆上疏指責惠帝在早朝遲到，而惠帝也在聽罷尹昌隆的上疏後，肯定尹昌隆的指責適切，並虛心表示這是自己的過失。

另外，禮部左侍郎陳性善也曾上疏諫言，惠帝最初全盤接受，但後來經群臣商議，有部分主張被修正或不予執行，陳性善因此大感不滿，於是指責惠帝反覆無常，惠帝還因此向其解釋：「朕性愚昧，闇於治理，視天下愚夫愚婦，一能勝予，敢不受諫。卿言為法自戾，深中朕過，非卿忠讜，朕何以得聞過失？」從此可看出明惠帝的雍容大度。如此寬容仁君，又如何能面對擁兵自重、如豺狼虎豹般的叔叔們呢？

如上所述，惠帝登基後最棘手的問題，就是各地藩王。藩王的實力堅強，每個人都對皇位虎視眈眈，「削藩」就成為明惠帝的首要大事。

明太祖治理初期，就將「封藩」視為重要政策，於是大封諸子宗室為王，朱元璋一生共分封三次，第一次是洪武三年（1370），第二次是洪武十一年（1378），第三次是洪武二十四年（1391）。朱元璋給予諸王政治、軍事、經濟各方面的特權，各藩王在封地幾乎可以算是擁有了一個地方小朝廷。其中在北方的諸王，如秦、晉、燕、寧、遼、代、慶、蕭、谷等九位諸王，則是為了應付北方的蒙

古勢力而分封,自然授與他們更多的軍事力量。

朱元璋分封諸王的初衷,就是希望諸王能成為「國家藩屏」,達到捍衛王朝的效果。但當時的朝臣葉伯巨馬上發現弊端,上疏諫言陳述「分封太侈」的後果,他舉出漢朝的「七國之亂」與晉朝的「八王之亂」為例,認為會有「恐數世之後,尾大不掉。然後削其地而奪之權,則必生觖望,甚者緣閒而起,防之無及矣」的後果。朱元璋閱後勃然大怒,認為葉伯巨離間自己與諸王的骨肉之情,於是將其抓捕下獄,葉伯巨最後慘死在獄中。從事後的發展來看,證明葉伯巨的結論是對的。

朱元璋分封宗室諸王,就是為了防止非宗室的權貴濫權,並藉宗室壓制過去隨自己打天下的淮西勳貴。朱元璋甚至還給諸王清君側的權力,這下更是禍遺子孫。然而,即使朱元璋再怎麼信任宗室,到了晚年他也開始疑神疑鬼。朱元璋一次病重時,與後來的惠帝朱允炆談話,朱元璋問:「朕以禦虜付諸王,可另邊塵不動,貽汝以安。」朱允炆回:「虜不靖,諸王禦之;諸王不靖,孰禦之?」朱元璋默然不語。過了一段時間後,朱元璋問朱允炆:「汝意如何?」朱允炆答說:「以德懷之,以禮制之。不可,則削其地;又不可,則變置其人。其又甚則舉兵伐之。」朱元璋答曰:「是也,無以易此矣。」從這祖孫的對話可知,朱允炆早就看出諸王驕縱傲慢的可能性,並提出「削藩」的做法,朱元璋也頗為認可。

可見在明太祖晚期，他已有「削藩」的想法，可惜此時他已年邁，再無精力處理該事，於是，「削藩」的重擔就落到明惠帝的身上。

在北方諸王中，晉王與原太子朱標交好，實力也不亞於燕王朱棣，再加上晉、燕二王彼此不合，能互相掣肘。但晉王比朱元璋早兩個月過世，能夠制衡燕王、協助朝廷的晉王已死，再也沒有人能抵制日漸強大的燕王。

明惠帝重用的大臣有齊泰、黃子澄、方孝孺等人，齊、黃二人都是洪武年間的進士，深受朱元璋信任。齊泰與黃子澄二人力主快速削藩，此時只有高巍獨排眾議，認為應該實行漢武帝「眾建諸侯而少其力」的「推恩制」，也就是逐年削減各藩王的力量，而不是如此激進地快速削藩。但高巍的建議並沒有獲得惠帝重視，惠帝反而一味採用齊、黃等人的做法，想一舉快速消滅藩王勢力。惠帝的作為過於輕率，最終釀成大禍！

惠帝於建文元年馬上動手削藩，他大刀闊斧地拿周王「開刀」。他發兵捉了周王及他的兒子，將他們押解到南京，不久就廢周王為庶人。周王是燕王朱棣的同母弟弟，取周王就是為了孤立燕王、斷其臂膀，雖確實達到這個效果，但也讓燕王朱棣警覺心更重。不久之後，湘王、齊王、代王、岷王也先後被罰、被廢，惠帝則派眼線潛伏到燕王身邊，隨時伺機要將燕王拿下。燕王也不是省油的燈，於是暗中預備「起大事」。

叔侄相殘的「靖難之役」

明惠帝削藩的舉措，燕王朱棣都看在眼裡。當看到諸王貶得貶、死得死，朱棣已經下定決心反抗朝廷。他一邊藉由裝病掩人耳目，另一邊日夜鑄造兵器、訓練將士。終於，在建元元年（1399）七月，燕王朱棣直指惠帝身邊的齊泰、黃子澄為奸臣，並援引明太祖「清君側」的祖訓，興兵起事，劍指南京，號稱「靖難」！

燕王突然興兵逼近南京，打得惠帝措手不及。由於齊泰、黃子澄等人都是儒生文臣，沒有帶兵的經驗，原本久經沙場的老將則絕大多數都在明太祖年間遭到朱元璋殺害、整肅，惠帝幾乎無將可用！

最後，惠帝只能請出曾經與朱元璋一同征戰、已年過六十的老將耿炳文，但年邁的將領已難以領軍發起衝鋒，中央軍很快就敗給日夜操練的燕軍，退至真定（今河北正定）堅守不出。燕軍久攻不下，只得退兵離去。

後來惠帝聽從黃子澄建議，改換曹國公李景隆接替耿炳文領軍，但李景隆只會紙上談兵，並無實戰經驗，因此，在朱棣以基地北平為餌時，他就興沖沖地率領中央軍前去攻打，而朱棣則趁機攻佔各大要鎮。李景隆久攻北平不下，沒想到燕軍在攻下要鎮後迅速回師，導致李景隆遭到內外夾擊，中央軍因此大敗。之後李景隆與朱棣再戰於河北，李景隆再敗。朱棣追擊李景隆到山東濟南，卻遭到

守將盛庸等人擊退，朱棣因而退回北平。

惠帝眼見終於有將領能夠抵擋燕軍，便令盛庸領軍伐燕，雙方再於山東激戰，朱棣又敗，狼狽脫逃。此後中央軍與燕軍於河北、山東激戰數次，不分上下，朱棣難以擴張戰果。

此時，處於「靖難之變」絕對下風的燕軍迎來了一個轉捩點。惠帝對宮中的宦官管理甚嚴，導致不少遭罷黜的宦官心懷怨恨，他們竟趁機帶著情報消息投奔朱棣告密，朱棣因而得知南京防務空虛，對南京發動攻擊。雖燕軍第一波攻勢仍遭挫敗，但惠帝聽信讒言，臨時撤換陣前大將，使中央軍氣勢一降再降，從此雙方情勢改變，燕軍迅速渡河圍攻南京。沒想到守城將領李景隆竟夥同谷王開門投降，南京至此陷落！

燕軍進城後直逼皇宮，絕望的惠帝把隨從、嬪妃與自己關在宮中，縱火燒宮，連皇后馬氏也被燒死！但惠帝自己卻下落不明，不知去向。明惠帝的行蹤從此成為歷史懸案，他究竟是死於宮中失火？還是逃出京城隱居？亦或是削髮為僧？

「明惠帝的失蹤之謎」已經成為千古懸案，沒人知道惠帝實際的下落，也因此有不少與明朝歷史相關的文藝作品從此處切入，利用惠帝失蹤之謎渲染出整部作品的傳奇之美，《大明風華》也不例外。

讓我們回到明代史實。當時，燕王朱棣帶軍入京，坐

上龍椅稱帝，史稱明成祖，將次年改為永樂元年，從此開啟明朝的新紀元。綜看明惠帝一朝，這個仁厚之君只當了四年皇帝，且這四年幾乎都瀰漫在皇族相殘的戰火中，而惠帝朝也因為戰敗而跟著結束，只留下無限感慨。

燕王棣稱帝，威名傳天下！

燕王朱棣成功奪取帝位後，開始大量搜捕前朝惠帝的親信大臣，而力主惠帝削藩的齊泰、黃子澄當然馬上被處死。當時還有一位以大儒宋濂為師的大臣——方孝孺，由於方孝孺深受太祖朱元璋賞識，在太祖駕崩後，自然是將這位能臣交給愛孫惠帝，這位以文學見長的儒生也因此成為惠帝身邊的重臣。

燕王朱棣的「靖難」看在當時天下人的眼裡，都屬「篡逆」的行動，根本就是造反奪權，名不正、言不順。所以朱棣在登位後，果斷找來名滿天下的方孝孺，希望他能為自己寫即位詔書。在朱棣的算盤中，方孝孺除了文筆好，更重要的是，他曾擔任惠帝的要臣，如果能有方孝孺背書，勢必讓自己的得位增添不少正當性。但方孝孺抵死不從，不僅拒絕為朱棣起草詔書，還大罵朱棣是「燕賊篡位」，朱棣一氣之下，下令將方孝孺「夷滅九族」，最後連為方孝孺收屍的朋友、門生也通通被殺，到了「夷十族」的地步。方孝孺悲慘的遭遇，堪稱史上之最！

朱棣如此殘虐地對待前朝忠臣的行為，也就成為《大明風華》劇中「建文遺孤」的來源。那些被朱棣殘殺的惠帝朝臣後代，紛紛抱團組織起來，將「暗殺朱棣」訂為行動目標。但歷史上到底有沒有所謂的「建文遺孤」？這恐怕也是小說家的浪漫幻想。按照方孝孺的結局，那些拒絕臣服新王的家族恐怕都被夷滅了，要有漏網之魚也是難上加難，更不要說能成為受過專業訓練的殺手了。

朱棣奪位後，一改惠帝重用文人、壓抑武人的做法，對靖難之役的功臣大大封賞，武官的地位因而又得到提升。但與此同時，朱棣也明白，唯有提高國家的政治與文化，才能長治久安。最後，惠帝希望實行的削藩與文官制度的建立，反而在明成祖朱棣的手上達成。由此可見，明成祖的城府與手段都比惠帝更加細膩。

值得一提的是，太祖朱元璋就曾因擔心宰相濫權，而藉故廢除宰相制度，結果讓自己累得焦頭爛額，不得不另設春夏秋冬四個「輔官」來幫自己處理政務。到了明成祖時，他大手一揮，直接設立固定的諮詢機關「內閣」來當自己的左右手。成祖的內閣大臣不少都是前朝臣子，內閣的重要性到了成祖後期明顯高漲，例如明成祖在最後一次北伐蒙古的回程中病逝，內臣與內閣大臣決定「秘不發喪」，等到皇太孫到達軍中後，才正式對外發布帝崩的消息。可見成祖晚期，內閣的地位已經很有分量了。

另外還有一個地方值得留意，那就是明成祖時期對宦

官的任用程度大大提升。在太祖時期，對宦官的管理非常
嚴格，曾在宮門用鐵牌刻字「內臣不得干預政事，犯者
斬」！此外，太祖更規定宦官不准兼任外朝文武職務，不
准穿戴外朝官員朝服，官階也不得超過四品，更不准政府
各部門人員與宦官有書信往來。由此可見朱元璋對宦官控
管之嚴。明惠帝時期也延續朱元璋的做法，嚴管宦官，但
這卻反而導致宦官向朱棣告密。朱棣之所以能能攻入南京
城，就是仰賴宮中的宦官投奔相助，所以在朱棣得位後就
開始重用宦官，給予宦官出使、專征、監軍、出鎮等重責
大任，甚至在永樂十八年（1420）設立東廠。

東廠以「偵查情報」與「緝捕人員」為專職，為皇帝
御用的宦官特務機關。東廠更與錦衣衛合作，專門偵查不
利於皇帝的言行。錦衣衛設於明太祖時期，但連錦衣衛都
受東廠監視。東廠與錦衣衛在當時合稱「廠衛」，兩者常
常密切合作，同做秘密偵查與辦理大獄案件。明成祖立東
廠，剷除不利於自己的人、事、言行，主要還是因為有
「得位不正」的陰霾籠罩著他，但「廠衛制度」卻一直沿
襲後世，成為皇帝的「私刑部隊」，嚴重破壞明朝的法
治。而重用宦官的結果，也成為日後「宦官干政」的源
頭。終明一朝，宦官亂政的起因，就起於明成祖。

由於朱棣本身就是以藩王身分起事奪得天下，因此他
特別知道宗室藩王對皇帝的威脅性，所以「削藩」也成為
他的首要任務。他封賞靖難功臣後，沒過多久，又開始削

奪北邊握有重兵、曾助自己一臂之力的邊塞諸王的軍權，並制定各種「藩禁政策」約束諸王，令各藩王的勢力大減。最終，到了永樂末年，諸王已無實質軍權，只成為擁有財富、有名無實的貴族階層，他們再也無法撼動皇帝的地位。明惠帝因「削藩」丟了皇位，但奪他皇位的明成祖反而順利完成削藩的任務，這是何等諷刺啊！

明成祖在位期間，還有另一項重要工作——遷都北京。朱元璋時就曾將宋朝首都汴梁（今河南開封）設為北京，與南京遙遙相望，仿照周、唐兩朝的兩京模式。後來又想將自己的故鄉安徽鳳陽設為中都，但汴梁與鳳陽都因戰火而破敗，難以擔當京城重責，於是只得放棄北京，定都於南京。到了晚年，朱元璋又因為南京風水問題，與閣臣探討遷都事宜，最後卻因年老力衰，沒有精力處理遷都一事而不了了之。

到了永樂時期，由於南京是惠帝根據地，惠帝的舊勢力一直隱隱壓制著成祖，因此，遷回成祖在燕王時期的基地——北平，無疑能使他擺脫前朝陰霾，為鞏固自身權力的解決之道。再者，邊塞諸王的勢力已被削減，加強北方的防務也成為重中之重，所以遷都北平並屯駐禦敵大軍，也成為京城北遷的原因之一。所以在永樂元年（1403），明成祖先將北平府改名為北京，並開始謀劃長達數十年的遷都工程。永樂五年（1407）開始在北京營建宮殿（也就是現今的紫禁城），並下旨遷民充實北京人口。永樂七年

（1409）後，明成祖時常藉故長居於北京，把南京交由皇太子打理。而北京不產稻米，為了方便南方的糧食能更快送達北京，永樂九年（1411）開始疏通南北大運河，以解決北方糧食問題。永樂十四年（1416），再次擴大北京的建設，從宮殿到城牆都一一翻新整建。到了永樂十八年（1420），成祖正式稱北京為京師，原本的南京成為留都，遷都北京終於大功到成！

五次北伐，威震蒙古！

《大明風華》中常聽到明成祖敘述自己如何與阿魯台激戰，講的其實就是明成祖的北伐行動。成祖在永樂年間曾對蒙古發動五次北伐。

自明太祖朱元璋將元朝趕回漠北大草原後，倖存的元朝貴族在漠北建立了「北元」，繼續與明朝對抗。儘管朱元璋曾多次發兵征討，屢屢重挫北元勢力，北元最後也分裂滅亡，但蒙古勢力卻仍舊強大。在北元滅亡後，蒙古分裂成韃靼、瓦剌等部落，這些蒙古部落時常騷擾、掠奪明朝邊界，讓明朝帝王不勝其擾。

永樂七年（1409），韃靼可汗本雅失里殺死明朝使節，觸怒明成祖，也促成了成祖第一次北伐。成祖先派邱福帶兵十萬，迎戰韃靼部落，結果這一戰明軍卻慘遭殲滅，這迫使成祖於隔年（1410）御駕親征。此次親征，成

祖大敗韃靼軍！成祖更順道擊敗了阿魯台兵，這才班師回朝。之後阿魯台便開始向明朝朝貢。

永樂十一年（1413），韃靼部落的阿魯台已歸附明朝，這次卻輪到另一個蒙古部落瓦剌南下侵擾，使成祖再次於隔年（1414）親征，與瓦剌軍交戰。這次明軍的新武器——火器也亮相登場，造成瓦剌軍很大的恐慌，成祖再令騎兵衝鋒，瓦剌軍就此兵敗潰逃！到了永樂二十年（1422），經過多年休養生息，瓦剌部落再度強盛起來，不斷起兵騷擾，韃靼部落的阿魯台也跟著反叛，終於促成明成祖第三次北伐，這次北伐一路平順，戰事規模不大，成祖很快地趕跑了來襲蒙古軍，順利班師回朝。隔年（1423），蒙古軍又來犯，成祖第四次親征，同樣沒有發生太大規模的衝突。復隔年（1424），阿魯台又在北疆用兵，成祖發動第五度親征。經年累月的征戰，使明軍疲憊不堪，後勤糧草嚴重不足，在這次戰役中，士兵多死於饑寒交迫當中。韃靼軍又採游擊戰法，明軍找不到主力決戰殲滅敵人，只好退兵。沒想到在第五次親征還都途中，明成祖病重過世。

明成祖的五次親征，除了第一次有所斬獲外，其餘的成果都不盡理想，甚至可說是勞民傷財。但成祖的親征確實把明朝的聲威向外傳播，震撼了整個北疆！

曠古爍今的大航海時代

後世史家對明朝的評價，認為她是個「內斂」的王朝，因為她並不像漢、唐一樣，在擴張領土上這麼積極，這都是因為朱元璋建國後的「皇明祖訓」所致。

朱元璋將自己對歷朝歷代對外關係的看法，寫進祖訓中。他希望後世子孫不要貪圖一時的功名，輕易發兵侵略其他國家，這也使得明朝在武功上相對薄弱。不僅如此，朱元璋更頒布「海禁」政策，確立僅有的幾個固定港口供外國商船前來貿易。結果這些祖訓被明成祖全盤打破！

明成祖不是墨守成規的個性，他非常重視恢復明朝與他國的關係，同時想要宣揚國威。於是他沒有遵守其父的「海禁」政策，反而建造龐大的艦隊，發展海上勢力。這項重責大任，就落在鄭和的肩上。

鄭和本姓馬，是雲南的回族人，家族世代信奉伊斯蘭教，他的父親與祖父都曾前往伊斯蘭教的聖地麥加朝聖，所以獲得鄉里的尊敬，尊稱他們為「哈只」，也就是「朝聖者」、「巡禮者」之意。明軍攻佔雲南後，年幼的鄭和被俘，遭淨身後入宮，被朱元璋指派為朱棣的侍童。靖難之役時，鄭和隨朱棣出征，屢建戰功，在朱棣稱帝後升格為內宮監太監，並賜姓鄭。鄭和又被稱「三保太監」，「三保」之名與佛教有關，由此可知鄭和跟在朱棣身邊時成了佛教的信徒。

成祖之所以選擇鄭和擔當下西洋的大任，除了看中鄭和的忠誠與才能外，他信仰佛教與伊斯蘭教的雙重背景也成為重要考量。鄭和於永樂三年（1405）到宣德八年（1433），歷時 28 年，共計出海 7 次，一路從東南亞走向東非。明朝人對海洋的概念，是以今日印尼、馬來西亞的婆羅洲為劃分，以東為東洋，以西為西洋，所以「鄭和下西洋」指的並不是在「大西洋」活動，而是「印度洋」。

　　從派遣鄭和下西洋的舉措，看得出明成祖極力想走出過去的桎梏。傳統中國自古以來都是「天朝上國」，從來就不是封閉社會，歷朝歷代都希望發展與外國的關係，也鼓勵人民走向世界。在宋元期間，中國人民就已經累積了相當豐富的航海技術、造船經驗與能力，所以鄭和下西洋之所以能擁有這麼龐大的船隊，就是中國累積數百年航海底蘊的成果。

　　「鄭和下西洋」是人類航海創舉之一，遠比歐洲的地理大發現、大航海時代早了將近一百年。船隊的規模也不是後代歐洲各國的船隊所能比擬的。鄭和第一次下西洋，大型船隻就有 62 艘，官兵超過兩萬餘人，船隻之龐大、船數之驚人，完全可以號稱為當時世界上最大的船隊！葡萄牙的達伽馬出航到印度時，只有 4 艘船，一百六十多位船員；哥倫布到達美洲時，只有 3 艘船，八十多位船員；麥哲倫繞行半個地球，抵達菲律賓時，僅有 5 艘船，兩百六十多位船員，幾乎無人能與鄭和的船隊相比！鄭和下西洋

的創舉，打通了從中國到東非的航路，亞、非兩大洲的海域連成一氣，是人類史上驚人的海上成就！

鄭和下西洋以商貿、外交為主要目標，不像西方國家以「帝國主義式」的掠奪擴張為目標，鄭和所為全是和平進行，即使爆發衝突，也是被海盜侵擾，用武力自衛罷了。鄭和船隊所到之處，都是向當地國王、首領進行禮節性的造訪，宣讀完明朝皇帝的詔書後，就贈送大量禮品，之後才開始進行對等貿易。

明朝以中國特有的絲綢、瓷器、鐵器等作為交易品，他國也還以珍珠、珊瑚、寶石、香料、異獸等物品，其中，在永樂十三年（1415），東非的麻林國（今東非肯亞）就曾贈送一隻長頸鹿給明朝皇帝，長頸鹿狀似中國的吉祥獸「麒麟」，所以長頸鹿一到達北京，明成祖與眾臣都興致勃勃地前往觀賞，眾人無不稱道！

▲明沈度〈瑞應麒麟圖〉（取自維基共享資源）

此後，南洋諸國國王便時常派使節前來明朝，甚至還有國王親自到訪。永樂年間，據稱有 62 個國家造訪明朝二百多次，其中包含現今菲律賓、斯里蘭卡、尼泊爾等地區的王國。鄭和下西洋後，也勾起中國人出海的興趣，大量的中國人開始移居到東南亞，將中國優秀的生產技術與手

工業技術帶入南洋群島，對南洋各地的開發帶來益處。所以現今在馬來西亞、印尼、新加坡之所以會有這麼多華人，很可能就是在鄭和下西洋時期移居當地的。

鄭和下西洋開闊了中國人的視野，不少隨行船員也留下紀錄見證這段歷史，如《瀛涯勝覽》、《西洋番國志》、《鄭和航海圖》等。可惜的是，下西洋的壯舉，在成祖、宣宗之後戛然而止，之後的明朝皇帝又回到明初的海禁政策，從此中國的航海成果逐漸弱化，甚至被西洋各國的航海家蠶食，終於在清朝時主客易位，在西方帝國主義橫行全球的情況下，中國終被西方宰制。

《永樂大典》橫空出世！

除了向外擴張的「武功」外，明成祖也在「文治」上下足功夫，其中最具代表性的就是《永樂大典》。

《大明風華》劇中，總是看到明成祖心心念念《永樂大典》的編纂，這是因為在成祖奪位後，他知道「靖難」讓非常多文人對他不滿，於是決定要找點事讓那些整天批評自己的文人雅士做，藉此杜絕悠悠眾口，於是，他在永樂元年（1403）就命文臣蒐集經史子集、陰陽醫術等書籍，將它們編成一冊。成祖最初賜名《文獻大成》，但於永樂五年（1407）完成後，再度賜名《永樂大典》。

《永樂大典》共計 22877 卷，約三億七千多字，採納

使用的古書高達八千多種，從經、史、子、集、天文、地志、陰陽、醫卜、僧道，到小說、戲劇、農藝、工技等類別，堪稱應有盡有，無所不包，有時是將原著整段收入，有時甚至還將全書都抄錄進去，連同原著書名、作者也一併錄入。

《永樂大典》的工程浩大，參與編輯的人數眾多，導致全書的體例無法統一，但它卻一一收錄元朝以前眾多的佚文秘典、世所不傳的書籍。《永樂大典》遂成為中國歷史上最大的一部百科全書，有著極高的文獻價值。

《永樂大典》成書後，由於篇幅浩瀚，難以刊印，所以只將唯一一本正本放置在文淵閣內。成祖遷都北京後，《永樂大典》也隨之北遷。到了明世宗嘉靖年間，才又命人抄錄了一部副本。到了明末，正本早已亡佚消失，僅存副本流傳在世。當滿清入關後，副本也在戰火間散佚部分，至乾隆年間已散佚兩千四百多卷。乾隆帝看了覺得可惜，也開始學習明成祖修書，下令製作《四庫全書》，《四庫全書》一部分的取材就是從不全的《永樂大典》中謄錄出來的，多達五百多種的失傳書籍就此得以流傳後世，不少古代文書也因而被保留了下來。

可惜的是，甫進入二十世紀，就發生八國聯軍入侵北京的憾事，《永樂大典》的副本也遭劫難，如今現存於世界各地的卷數總計只剩 810 卷。《永樂大典》的遭遇，也與近代中國一樣，命運多舛。

第二章　《大明風華》間奏曲
誰是孫若微？

　　前面已經說到，不少宮廷劇都是以「宮鬥」為主要賣
點，《大明風華》也不例外。因此，現在就讓我們來看看
明代的後宮究竟是怎麼回事。

　　明代的後宮相較於中國歷朝歷代的後宮，規矩可說是
嚴謹得多。開國皇帝朱元璋比對前朝的案例，認為朝政敗
壞很大一部分的原因就是後宮女性干政，所以設立了常規
法紀，特別對後宮進行嚴格的規範。

　　洪武元年（1368），朱元璋命令文官修制《女誡》，
更訓誡翰林學士朱升等人：「治天下前，要先端正家規。
欲端正家規，首先就必須訂定嚴謹的夫妻關係。」之後，
朱元璋再次強調「後宮不得干政」的原則，避免意志力薄
弱的後代君主被後宮嬪妃迷惑。於是應朱元璋之命，朱升
等大臣們制定《女誡》成冊。

　　到了洪武六年（1373），朱元璋又令禮部制定後宮女
官職位的制度。周代的制度是在後宮設內官，輔助內宮治
理；漢代則是設有內宮十四等，人數數百；唐代設六局二
十四司。朱元璋認為前朝的後宮制度過於繁瑣，所以重新
制定，因此改制為六局一司。六局分別是「尚宮、尚儀、

尚服、尚食、尚寢、尚功」六職，一司為「宮正」。每局轄有四司，尚宮局則總領六局之事；內宮又制定 75 人，女史 18 人，比唐代減少了更多人力。眾妃位次的封號共有賢、淑、莊、敬、惠、順、康、寧等稱號。

朱元璋又命工部製作紅牌，篆刻誡諭后妃的言詞，懸掛於宮中，還制定後宮法令典章，從皇后到嬪御女史，使用的大小花費、金銀布匹，甚至是各種器具的領用，都須根據尚宮局的指示供應配給。若沒有上奏尚宮局就私自拿取器具用品，將以死罪論處！如果私自寫信到宮外，同樣也是死罪！另外，即使嬪妃們生病，御醫也不能進入後宮，只能憑空按照口述的症狀拿藥。

明代超級嚴謹的後宮制度，讓後宮整肅清靜，絕大多數的史家都認為，明代家法之完善，乃漢、唐兩朝不能及。所以終明一代，幾乎沒有後宮亂政的事情發生。

孫若微？她是誰？

2019 年，大陸宮廷劇旋風再起，改編自蓮靜竹衣小說《六朝紀事》的《大明風華》成為這波宮廷熱潮的一齣大劇。久違的知名女演員湯唯擔當大任，飾演劇中的女主角孫若微，展開一場歷經六朝五帝太后的一生。

像《大明風華》這類的歷史劇，往往會設定一段歷史當作故事背景，之後再經由小說家或編劇的巧思，根據史

實框架插入一些引人入勝的情節或橋段，藉此達到吸引讀者或觀眾的目的。追本溯源，其實這類型的歷史小說很早就出現了，其中的箇中翹楚大家一定也不陌生，那就是羅貫中譜寫的《三國演義》。羅貫中以「七分真實，三分虛構」的手法，寫成《三國演義》一書。書中一改正史中以「曹魏」為正統的觀點，劇情重心更傾向較弱小的「蜀漢」，並將「草船借箭」、「溫酒斬華雄」等經典劇情移花接木，讓讀者難以明辨真偽。

如何在歷史小說或歷史劇中分辨「真實與虛構」，無疑是相當重要的。讓我們回到《大明風華》這齣以明史為綱要的歷史大劇，劇中以「明朝初年」為背景，炫目的聲光影像與動人的劇情，總是讓人心之神往。但如此蕩氣迴腸的故事，到底有多少內容真的符合史實呢？

《大明風華》甫開場就是明史上實際發生的人倫、國家悲劇──「靖難之變」。朱元璋四子燕王朱棣率軍攻破南京城，時任皇帝的惠帝在宮中倉皇亂竄，朝臣也驚慌失措，最後惠帝跑到祖父朱元璋的畫像前求助，隨即拿起剃刀落髮為僧，從此不知所蹤。在這個橋段，絕大部分是依據正史拍攝，惠帝確實在朱棣攻入皇宮後放火燒宮，但究竟「是否有落髮為僧」則一直是千古難題，惠帝最後的下落也成為歷史懸案。

之後所有忠於惠帝的朝臣都被朱棣集中在廣場，要求他們效忠自己。大臣方孝孺第一個不從，之後朱棣便開始

屠殺不服自己的朝臣與其家屬。年幼的孫若微與妹妹正好就在名單上，她們是御史大夫景清的女兒。而這，也是《大明風華》中第一個「錯誤」。

　　劇中由湯唯飾演的女主角孫若微，在史實上就是明宣宗的皇后——孝恭孫皇后，她是明宣宗的第二任皇后。依據《明史·后妃傳》敘述，孝恭皇后姓孫，但根本沒提到名字，僅用「孫氏」稱之。所以「孫若微」一名應是小說家憑空杜撰的名字。再者，孫若微實際上與景清毫無血緣關係，說他們是父女，也是小說家移花接木的結果。

　　劇中，御史大夫景清在被殺之前，將女兒若微託付給認識的將領孫愚，從此若微就改姓孫。這點設計也很特別，因為在正史上，孫皇后的父親名為孫忠，結果到了小說家手中，妙筆一轉，就將「忠」換成「愚」，由此可以看出小說家的精心設計。

　　依據《明史·孝恭孫皇后傳》，孝恭皇后孫氏是山東省鄒平人，其父孫忠是河南永城縣的主簿，她是孫忠的第四女。孫氏自幼美貌，生於西元 1399 年，正好是明惠帝剛即位的建元元年。原本孫氏與皇帝丈夫朱瞻基是八竿子打不著的，但當時的太子妃張氏之母正好在某次入宮探望女兒時，偶然提起孫忠有個賢慧的女兒，這才讓孫氏有了入宮的機緣。在孫氏十餘歲時，她經由引薦入宮，明成祖命太子妃張氏教導孫氏，這也讓孫氏有機會能與皇太孫朱瞻基朝夕相處，培養感情。永樂十五年（1417）皇太孫朱瞻

基在成祖的主婚下，以胡氏為正妃、孫氏為側室。

由此可見，孫氏根本不是《大明風華》中的建元遺孤，也不是以「暗殺明成祖」為最終目標的刺客，她可是身家清白的黃花大閨女！

胡善祥？孫若微之妹？

在《大明風華》劇中，改名為「胡善祥」的蔓茵與女主孫若微是姐妹，同為御史大夫景清之女。她在靖難之役中被年幼的朱瞻基救下，從此帶入宮中，隨從胡尚儀擔任女官，也因此改名為胡善祥。胡善祥在宮中與姐姐孫若微相認，並開始處心積慮地謀劃，想與姐姐一起嫁給皇太孫朱瞻基，藉機報滅族之仇。劇中胡善祥被刻劃成野心勃勃、心機深沉的女子，那史實為何呢？

翻閱正史就能發現，身為貴妃的孫氏其實比胡善祥有心機多了。劇中最大的錯誤，就是——孫氏與胡善祥根本沒有血緣關係。依據《明史‧后妃傳》記載，明宣宗恭讓胡皇后，名善祥，是山東濟寧人，在明成祖永樂十五年（1417）被選為皇太孫妃，也就是朱瞻基的「正室」。當朱瞻基即位皇帝時，胡善祥順勢就成了皇后，原本被封為太子側室的孫氏，也成了貴妃。胡皇后與孫氏同樣有著美麗的姿色，但宣宗朱瞻基卻特別寵愛與自己一起長大的孫貴妃，而胡皇后多病又膝下無子，只生了順德與永清兩位

公主，這讓宣宗逮到廢后的機會。

宣德三年（1428），明宣宗令胡皇后自行上表辭去皇后之位，眾大臣屢勸無效，胡皇后便依皇帝旨令上表遜位，並移居於長安宮。對於胡善祥的「識相」宣宗相當高興，賜號「慈仙師」，之後就直接將為自己生下兒子的孫貴妃升格為皇后。宣宗之母張太后雖為孫氏的引路教養人，但她也憐惜胡善祥這個無過被廢的皇后，時常在清寧宮召見胡善祥，在後宮的宴會上，更令胡善祥的席位高於孫皇后，生活規格更是仿照皇太后的模式，這讓孫氏大感不滿卻無法阻止。張太后的屢屢維護，使胡善祥在宮中的地位仍舊不減。但到了明英宗正統七年（1442），這位德高望重的太皇太后張氏病逝，頓失靠山的胡善祥痛哭不已，隔年也跟著撒手人寰。

因此，就正史來看，胡善祥可說畢生孤苦，她並無做錯任何事，卻因膝下無子及不得皇帝寵愛而遭罷黜，打入冷宮。史書記載她這般淒涼的遭遇，與劇中那機關算計的形象簡直是南轅北轍。

即位一年逝世的皇帝：仁宗

在《大明風華》劇中，明成祖的皇太子朱高熾被塑造成肥胖、無能且庸弱的形象，那事實是什麼呢？

就《明史本紀‧仁宗》看來，朱高熾確實是個體胖且

多病的皇子，因此不受明成祖的喜愛，但鑑於其「嫡長子」的身分，成祖不得不封他為太子。相對於太子朱高熾，成祖的二子漢王朱高煦、三子趙王朱高燧因戰功顯著，獲得成祖較多的疼愛。尤其是漢王朱高煦，身高七尺有餘，臂力強，善騎射，各方面都跟成祖相像。更重要的是，朱高煦在靖難之役時屢建戰功，多次救成祖於危難中，讓成祖讚譽有加。成祖因此曾對朱高煦暗示：「勉之！世子多疾！」言下之意似乎就是要讓朱高煦取代朱高熾的太子之位。明成祖這句話，讓朱高煦信以為真，以為自己在未來真的有當上皇帝的可能。但事與願違，直到成祖病逝，朱高熾仍穩坐太子之位，朱高煦沒有絲毫可乘之機，眼看到手的帝位飛了，讓朱高煦心有不甘，最終埋下日後再次骨肉相殘的禍根。這一段在《大明風華》中也有如實演出，頗為貼近史實。

但太子朱高熾真如《大明風華》劇中的形象，那麼一無可取嗎？其實未必。

雖然成祖的二子、三子在靖難之役時於戰場上衝鋒陷陣，屢立戰功，但太子朱高熾也是不遑多讓！前面也曾說過，靖難之役時，朱棣曾以北平為餌，誘走中央軍主力，燕軍就趁著中央軍圍攻北平之時，趁機攻略附近的各大要鎮。當時率領燕軍攻打附近要鎮的就是朱棣和他的兩個兒子——朱高煦、朱高燧，而燕王世子朱高熾這個嫡長子在哪？他可是鎮守在朱棣的根據地——北平府啊！不可不

說，朱高熾這一役打得實在漂亮，他堅守不出，不僅利用寒冷的氣候，舀水澆於牆上使城牆結冰，讓中央軍難以攀登，甚至還發動夜襲，使中央軍自亂陣腳。由於北平一直沒被中央軍攻陷，這才讓朱棣有機會回防北平，來個裡應外合，擊敗中央軍。朱高熾堅守的能力可見一斑。

後來，明成祖對蒙古發動多次北伐，朱高熾就坐鎮首都南京監國，處理各種國政大事。所以在他當太子期間，就已經開始累積各式實務經驗了，絕不像《大明風華》中所說的「朱高熾監國作為不佳」。這些政治經驗，也讓未來朱高熾即位成為仁宗後，能有條不紊地施行改革。

永樂二十二年（1424），明成祖病逝，朱高熾即位，改年號為洪熙，是為明仁宗。仁宗即位後，大赦天下，更進一步提升成祖時期成立的內閣地位，之後又刻意恢復太祖時期的海禁政策，於是終止了鄭和下西洋的計畫。另外，由於永樂後期，開始出現冗官及貪腐、推諉塞責的狀況，因此仁宗甫上任，就開始嚴格整頓吏治，只要官員被發現任何貪贓枉法的事項，就會被貶為庶民，不稱職的官員也直接降級處分。仁宗也開始實行「政府瘦身」計畫——裁減冗員，他採取「記名放回」的做法，從永樂末期到洪熙初年，被「放回」的官員就多達四千餘人。這個裁減冗員的行動，就這樣一直持續到宣宗年間。

仁宗即位後最大的問題，仍是覬覦帝位的二弟漢王朱高煦。仁宗知道朱高煦分外眼紅自己的帝位，所以加倍厚

待他，俸祿加倍，這才稍稍讓朱高煦安分下來。

仁宗於洪熙元年（1425）病逝，年46歲，他當了二十多年的皇太子，當皇帝卻不過十個月就過世。當皇太子朱瞻基自南京北上奔喪時，朱高煦居然有意半途攔截太子，雖然因事發倉促而沒成功，但也讓朱瞻基即位後，除了延續厚待叔叔朱高煦的策略，也更加提防他的一舉一動。朱高煦接連受到兩位皇帝的厚待，卻還是思思念念著與自己擦肩而過的皇帝之位，因此反而更加狂妄。

首位太皇太后：昭皇后張氏

明仁宗雖早死，但他的皇后張氏可是活得非常久，她以皇后、太后、太皇太后之姿歷經了三朝，也是明朝立國後的第一位太皇太后。

昭皇后張氏是河南永城人，在洪武二十八年（1395）被封為朱高熾的燕王世子妃。永樂二年（1404），隨著朱高熾被封為太子而晉升為太子妃，其父張麟也因女兒之福，追封為彭城伯。張氏成為太子妃後，嚴守婦道，深得成祖與仁孝皇后的喜愛。由於太子朱高熾多次遭弟弟們毀謗，更因身形肥胖而無法騎射，這讓成祖非常生氣，除了減少太子的供食強制減肥外，還差點廢了太子，但終因張氏的緣故，朱高熾沒有被廢。到了朱高熾登基為仁宗時，張氏也因此升為皇后，朝廷內外政事，張氏通通知曉。

　　仁宗即位未滿一年旋即去世，由張氏所生的嫡長子朱瞻基登基成為明宣宗，不少軍國大事還須特別請示張太后才能裁決。明宣宗也是一個孝順的皇帝，每逢出遊賞宴或收到各地朝貢之物，宣宗總是第一個拿去孝敬張太后。宣德三年（1428），明宣宗拜謁前代皇陵，京城百姓夾道歡迎，張太后見狀便回頭告誡宣宗：「百姓如此擁戴你，你可千萬要記住，務必讓百姓安居樂業！」回程途中，宣宗從馬車上見到農家耕田，就停駕問其生計，甚至親自犁了幾下田地，深刻感受農民的辛苦。由此可見，無論是張太后還是宣宗，都是慈愛百姓、愛民如子的賢德之人。

　　由於張太后早在仁宗即位後，便對朝政有所知悉，因此對於仁宗遺留給宣宗的輔政大臣們的性格、能力也非常熟悉，張太后也將這些御下的關鍵也都告訴宣宗，讓宣宗在朝堂上更加得心應手。張太后對待娘家人也非常嚴格，並未特別提拔生性敦厚、有才的弟弟張昇，反而嚴禁娘家任何人干預國政。張太后的做法等於完全杜絕了外戚干政、亂政的可能性。

　　明宣宗死後，皇太子朱祁鎮只有 9 歲，朝廷內外都因為太子年紀太小而覺得應該會另立他人為帝，因此人心惶惶，躁動不安。最後還是由已晉升為太皇太后的張氏召朝臣入乾清宮議事，當著眾人的面指著皇太子朱祁鎮說：「這就是新天子！」這才平息所有的紛爭，讓朱祁鎮順利即位，成為明英宗。

　　由於英宗即位時年僅 9 歲，大臣們遂請求太皇太后張氏垂簾聽政，但張氏卻說：「祖宗『後宮不得干政』的家法不能破壞，得勉勵皇帝不斷學習，並委任得力大臣協助皇上。」義正詞嚴地拒絕了大臣們的請求。話雖如此，但太皇太后張氏在朝堂上仍具有一定分量，使奸臣們不敢亂來，英宗初期的朝政也因此較為清明。

　　正統七年（1442），太皇太后張氏病重，死前召見重臣楊士奇、楊溥等朝廷命官，詢問是否還有國家要事尚未處理。楊士奇首先提出重修《建文實錄》，讓惠帝朝的歷史傳承下去的想法；接著就是「收藏建文遺臣之遺著者判處死刑」的詔令，應當適時鬆綁。大臣們還沒討論到下一個項目，太皇太后張氏就過世了，享壽 63 歲。張氏在病重之際，仍心繫國家大事，可見她憂國憂民的情懷，也可看到明惠帝建文時期人物的平反，早在英宗朝就已經開始。張氏的一生，堪稱是中國古代女性的典範！

宣宗即位，「仁宣之治」降臨

　　在《大明風華》中，身為皇太孫的朱瞻基早早進入錦衣衛特訓，成為一個武功高超、手段陰險的特務，如果這樣的人當上皇帝，那會是什麼樣的治國風格？相信會與明成祖如出一轍，不僅是個殺人不眨眼的帝王，武功成就說不定也會不亞於成祖。然而，歷史上，宣宗朱瞻基卻是個

159

為人謙和敦厚的帝王，這可不是特務應有的性格。

　　仁宣二朝，正是明朝相對穩定治平的時代。上接太祖的創業、成祖的霸業，明朝在仁宣時期開始趨向安定、穩固的發展。太祖創業之初埋下的藩王亂政因子、藩王分封問題，也在成祖朝得到基本解決，但成祖也留下新的問題。明成祖胸懷大略，如前所述，他不顧太祖的祖訓，遷都北京、五次征討蒙古、對交趾（今越南）用兵及設郡縣、鄭和下西洋等，都是永樂年間輝煌的功績，但到了成祖後期，國庫虧空嚴重，社會越來越不穩定，當時朝廷上就已經有大臣高聲呼籲進行改革，如戶部尚書夏原吉。這位三朝老臣夏原吉已經看見國家的弊端，所以強烈諫言希望成祖停止北伐；當時成祖正摩拳擦掌地籌劃著第四次北伐，聽到夏原吉這樣潑冷水，成祖大怒，直接下令將夏原吉抄家。所以終成祖一朝，弊病難改，到了仁、宣二宗時，才能進一步改革。

　　雖然仁宗即位不到一年就去世，但繼位的明宣宗卻從小就具備相當的實務經驗。宣宗朱瞻基於永樂九年（1411）被封為皇太孫，之後就常跟隨在成祖身邊學習處理朝堂之事，就連成祖親征北伐蒙古，朱瞻基也隨侍在側。所以朱瞻基從小就耳濡目染了不少治國經驗，也奠定其能接替父親仁宗發展「仁宣之治」的基礎政治實力。

　　仁、宣二帝對於文臣的依賴超過武將，從此文臣在朝堂上的地位上升，大為改變明朝政治生態。從太祖朝至宣

宗朝，明朝已建政六十餘年，終於從初期的尚武風格轉向文官政治，國家政治發展更加穩定。二帝亦都是以穩健性格的行事作風著稱，國家發展也偏向守成。最後，仁宣二朝的君臣關係也較為和諧，君王不專斷獨行，也沒有完全將朝政交給內閣處置，而是君王與六部大臣們同心協力議政、決策，井然有序地處理國家大事。宣宗朱瞻基便曾以「君子和而不同」來形容「君臣和諧合作處理朝政大事，在具體問題的看法上不必苟同對方」的關係。就是因為有這樣君臣互相協助的現象，才能開創「仁宣之治」。

仁宣二朝也在內政吏治上下猛藥。前面就曾提過仁宗打擊貪官污吏不遺餘力，並為政府編制瘦身；宣宗任內也致力於裁減冗員。這時，就出現了另一個內政的重點——設置巡撫官。

早在明初，地方政府就嚴格防範濫權問題，但也造成行政效率低落的後果；永樂年間，出現中央派官員「巡撫」地方的制度，但那都是臨時性的措施；到了宣宗年間，「巡撫」制度才宣告確定，成為地方專門機關，首先在江蘇、浙江地區設立，之後江西、河南諸省也紛紛設立，最後幾近遍及全國。宣宗先後任命周忱、于謙等人為地方巡撫，無論是周忱在南直隸當巡撫22年，還是于謙於河南、山西任巡撫18年，都是長期久駐。以「管理徵稅、治理河道、撫卹流民、邊防工程整飭」等項目為主要工作目標的巡撫，確實加強了中央對地方的管控能力，同時也

161

提高了行政效率。到了英宗正統年間，甚至將總督與巡撫合稱為「督撫」，成為地方的主要大官，但督府在明朝一直是中央欽差的身分，並沒有成為實質上的封疆大吏。

鑒於成祖的五次北伐致使國庫虧空嚴重，宣宗也改變對蒙古與交趾的政策。

蒙古在成祖多次北伐後，勢力漸衰；仁宗時改採防衛姿態，並與韃靼部落首領阿魯台恢復歲貢關係；宣宗朝阿魯台雖仍不時騷擾，但並沒有演變成大規模的衝突，到了宣德九年（1434），瓦剌部落襲擊韃靼部落，殺死阿魯台，阿魯台之子只得率部眾降明，因此北疆在宣宗期間相對較為安穩。

關於北越的交趾郡，明成祖是自唐朝之後，再次將北越納入國土，並設交趾郡管轄的漢人皇帝，但此後交趾郡叛亂不斷，數次發兵鎮壓的結果就是嚴重消耗了明朝國力；這個問題交到仁宗手上，也沒能解決，只能搖頭嘆氣；到了宣宗朝，他一樣為交趾頭痛，考慮良久以後，他提出「放棄交趾解決南部邊境問題」的辦法，雖部分朝臣以「不可放棄祖宗之地」反對放棄交趾，但內閣大臣們卻在思量後同意宣宗的做法，也讓宣宗毅然決定從交趾撤兵。宣德二年（1427），宣宗派人與越南的安南國王交涉，在安南國王接受明朝冊封後，明朝就從交趾撤兵。至此，徒損國力的戰事終於結束，明宣宗也算了一樁心事。

另外，宣宗相當欽慕永樂年間「萬邦來朝」的景象，所以也一改其父停止出使西洋的指令，於安南戰爭結束不久，再下詔令鄭和第七次下西洋，這也成了鄭和最後一次的航海任務。鄭和於宣德六年（1431）年底出航，兩年後，於返航的途中病逝。

「仁宣之治」被史家評價為明朝的一個輝煌改革年代，雖然不如明成祖時期那麼耀眼奪目，甚至可說有些內斂，但成祖朝留下了不少弊病，後代子孫勢必先進行改革才能再現輝煌，仁宣二帝就扮演著改革者的角色，讓明朝獲得了數十年的平穩。

仁宣時期雖然解決了大部分前朝遺留的積弊，但仍有不少隱憂存在——蒙古及宦官問題。蒙古瓦剌部落攻殺韃靼部落首領阿魯台後，成為蒙古新的霸主，勢力越來越強，但宣宗朝在北疆的防禦工程卻做得不夠徹底，導致北疆危機四伏，影響北京的安全。此外，仁宣二帝在「任用宦官」方面，也打破明太祖的祖訓，不僅更加重用他們，還給他們讀書的權利，宦官也開始接手眾多政務，地位瞬間攀升。由於仁宣二帝即位前已有輔政經驗，且已逾少不經事的年紀，政治實力堅強，可以完全牽制宦官勢力，因此仁宣二朝並沒有出現宦官亂政的現象，但卻為後世宦官亂政打開了大門。所以，仁宣之後，宦官專權亂國之勢已難以避免。

再一次叔姪相殘：高煦之亂

　　早在仁宗時期就已經有點麻煩的漢王朱高煦問題，終
於在宣宗朝大爆發，宣宗被迫面對野心勃勃的二叔朱高
煦。朱高煦早在永樂年間就被成祖分封到雲南，但他遲遲
不肯就藩，最後等到了改封山東青州的詔令；之後，在成
祖遷都北京後，朱高煦就曾仗著自己受寵，圖謀南京，這
讓成祖有了警覺，在永樂十三年（1415）下令削弱朱高煦
的護衛隊，並將其改封樂安（今山東廣饒）。即使如此，
朱高煦也不死心，一直覬覦皇帝之位。宣宗即位，朱高煦
看中姪子年少，於是想師從「靖難」，在宣德元年
（1425）毅然起兵反叛，決心奪得帝位！

　　面對叔叔朱高煦的舉兵造反，宣宗本想派大將迎戰，
但大學士楊榮跟重臣夏原吉都主張皇帝御駕出征，宣宗接
納了他們的建言，於是下詔細數朱高煦罪狀，帶兵從北京
出發，南下親征。朱高煦手下的將士一見皇帝親征，士氣
大跌，不少將士在還沒開打前就反叛投奔中央軍。宣宗率
軍抵達朱高煦的封地樂安後，並沒有立刻展開攻城行動，
而是先對城內喊話，曉以利害後，規勸朱高煦出來投降。
由於朱高煦的手下將領都不願出戰，甚至部分將領打算直
接擒拿朱高煦獻給宣宗，朱高煦在走投無路之下，只得出
城乞降，這場叛亂就在「兵不血刃」的情況下結束。

　　高煦之亂平定後，朱高煦被廢為庶人，與其諸子、妻
妾一起押解回北京囚禁。仁慈敦厚的宣宗還特別去探望這

位叔叔，沒想到朱高煦故意伸腳絆倒宣宗，宣宗大怒，再也不顧叔姪情面，命左右將士用銅缸罩住朱高煦，準備行「炮烙」之刑；沒想到朱高煦雖已年逾四十，卻仍力大無窮，竟能撐起三百多斤重的銅缸移動，宣宗連忙命人拿木炭堆滿銅缸四周並放火焚燒，這把火足足燒了一個多時辰，連銅缸都被火燒融了！朱高煦就這樣活活被燒死在銅缸內。朱高煦死後，除了其諸子與妻妾也一併被處死外，參與朱高煦叛亂的人員也相繼被被處死刑，約有六百多人死於這場「秋後算帳」之中。

「高煦之亂」正是繼「靖難之變」後，再一次的明朝宗室骨肉相殘事件，且與「靖難之變」一樣，都是叔姪相殺，只是這次結果卻完全相反。「高煦之亂」僅僅二十多天就落幕，完全是皇帝御駕親征的效果所致。皇帝赫然出現，導致高煦軍心浮動，最終眾叛親離。由此可見，身為叔叔的朱高煦並沒有成祖那樣的心機與能力，甚至常常誤判時機；身為姪子的宣宗則實力穩固，完全沒有當年惠帝所託非人的情形。

孫后生子之謎＆廢后大事

《大明風華》的主角孫若微在宣宗即位後晉升貴妃，之後更竄升為皇后。據史書記載，孫氏在宣宗即位後一直聖寵不衰。在明朝古制中，唯有皇后才能收到代表皇后地

位的「金寶」與「金冊」──金冊就是宣讀冊封皇后的詔文，金寶則是皇后印璽。因此，自明朝開國以來，只有皇后能同時拿到冊與印，貴妃以下則只有冊無印。沒想到，宣宗因寵愛孫貴妃，特別向張太后請求賜孫貴妃金寶，從此改變了冊封制度，貴妃同時能持有冊與印的案例，就從宣宗一朝開始，由此可見宣宗多麼寵愛孫貴妃。

至於孫貴妃如何能取代正室胡善祥成為皇后，則是宣宗利用「胡氏體弱多病，且膝下無子」的說法，令胡氏自行遜位，之後再讓孫貴妃上位。其實在前面就曾說過，宣宗長子朱祁鎮的生母究竟是不是孫貴妃？這個部分在史書上有兩種記載，一種認定是孫貴妃所生，另一種則是認定是宮女所生。現在，我們就來仔細說說《明史》、《明通鑑》上有如話本小說般有趣的記載──孫貴妃的兒子朱祁鎮是「抱來的」！

胡皇后因無子而失寵，但孫貴妃也是到了宣德二年（1427）才突然喜獲麟兒。根據史書記載，孫貴妃為了獲得宣宗更多寵愛，她偷偷抱走宮女的兒子，謊稱是自己的兒子，而這個孩子就是未來的明英宗朱祁鎮。

在孫貴妃有子後，宣宗開始興起「廢后」的念頭，於是找來大臣張輔、蹇義、夏原吉、楊士奇、楊榮等人，徵詢他們的意見。

宣宗感嘆地問道：「朕已年三十卻沒有兒子，所幸孫貴妃生了一個男孩。自古以來，母以子貴，但胡皇后該怎

麼辦？」之後宣宗就開始故意數落胡皇后的一些過失。

　　大臣心中其實都不希望廢后，但看皇帝心意已決，便放棄勸止。楊榮應答：「如是這樣，可以廢后。」

　　宣宗眼看事有可為，便再接再厲地問道：「有無廢后的前例可供參考？」

　　另一位大臣蹇義回話：「宋仁宗時曾降郭皇后為仙妃。」其他大臣則默然不語。

　　宣宗覺得奇怪，問道：「你們怎麼不說話？」

　　面對皇帝詢問，楊士奇只得開口：「皇后母儀天下，我們只是臣子，怎敢議論廢后？」張輔與夏原吉則應道：「這等大事請皇上容臣等商議後再答覆……。」之後眾臣在宣宗的首肯下告退。

　　隔日，宣宗急匆匆地召見眾臣：「商議的如何呢？」

　　楊榮從懷中拿出一張紙，上頭密密麻麻地舉列著胡皇后所犯的二十項過失，宣宗一看臉色大變。

　　楊士奇則規勸道：「漢光武帝廢后，詔書上說『異常之事，非國休福』。宋仁宗廢后後也相當後悔，願請陛下慎之！」

　　然而，宣宗還是執意進行，終於在某日再召楊士奇詢問廢后事宜，楊士奇只能無奈地想了個藉口：「皇后身體差，可勸導皇后以體弱多病為由，自請遜位，然後以禮待之。」

　　宣宗之後就照著楊士奇所提的主意執行，胡皇后也很

快地以國家得早點決定繼承人為由，上表遜位，請宣宗另立新后。

此時，孫貴妃還假惺惺地推辭道：「待胡皇后身體養好了，自然就能生下龍子，我兒子的地位怎麼能超過皇后之子呢？」

話雖如此，宣德三年（1428），胡皇后被廢，賜號「靜慈仙師」，依照蹇義所提的宋仁宗故事處理，孫貴妃則直接晉升皇后。

由於胡皇后沒做錯事就被廢，當時天下人都為其抱屈。最後，真如楊士奇所說，宣宗在晚年時後悔了，為此還自我解嘲：「這是朕年輕時所做的傻事⋯⋯。」

胡善祥被廢之後，一直仰賴太皇太后張氏維護，讓她在宮中不至於受到苛待。在太皇太后張氏死後，依照慣例，所有後宮有位號的嬪妃都要參與祭祀，胡善祥不敢與孫太后同行，只跟其他嬪妃一起前往，這引起孫太后的不滿，有意譴責胡善祥，胡善祥因而痛哭，最終憂鬱而亡。

胡善祥死後，孫太后發話問大臣該如何處理胡善祥後事？大臣紛紛諮詢楊士奇。楊士奇道：「胡后應以后禮與宣宗帝同葬景陵。」提問的大臣尷尬地回答：「可是這不是太后所想聽到的答案⋯⋯。」楊士奇至此面壁不答，最後只說了一句：「徒留後世罵名⋯⋯。」直到孫太后逝世，明英宗才依禮法，恢復了胡廢后的名位、尊號，再重修陵墓。或許胡善祥這時才是真的安息了。

關於明英宗的身世，是他在位的最後一年才從自己的皇后錢氏口中得知，原來自己竟不是孫氏的親生子！按照錢皇后的說法，生下英宗的那位宮女很可能「死於非命」，也就是說孫后可能早已下毒手！至於錢皇后為何要提孫、胡兩后事蹟並透漏英宗身世？可能是「錢皇后膝下無子、周貴妃育有一子」的情狀與孫、胡兩后的狀況類似，讓錢皇后深有共鳴。但英宗並沒有像父親宣宗那樣對待陪伴自己已久的錢皇后，反而因其在英宗最為難、困頓之際仍不離不棄，而感念不已，由此足見英宗實乃一仁慈之君。

第三章

《大明風華》終曲
土木堡&奪門之變

　　前面說完孫氏在貴妃、皇后之位上的經歷後，就該來說說她成為「太后」之後的故事了。其實，孫氏與她的婆婆張氏一樣長壽，都卒於 63 歲，也同樣歷經了六朝，但她卻沒能當上太皇太后，也只歷經了五位皇帝。這是為什麼呢？

　　主要是孫氏參與了一場「前無古人，後無來者」的事件──土木堡之變。這場事件差點終止情勢大好的明朝國祚，其後發生的「奪門之變」也讓明英宗成為中國史上罕見成功復辟的皇帝，甚至打破了明朝「一世一元制」的傳統。這也是孫氏經歷「六朝五帝」的原因。

幼帝即位，新鮮新氣象

　　仁宗短命，即位不到一年就駕崩了；宣宗稍好一點，但也只做了十年皇帝就過世了，年僅 9 歲的太子朱祁鎮立刻走馬上任，成為明英宗。

　　在前面就曾提到過，宣宗過世時，由於太子朱祁鎮過於年幼，朝廷上因此盛傳張太后會立她的另一子、太子的

叔叔襄王朱瞻墡為新皇，因此人心躁動不安。為此，張太后果決地召集眾臣，指著孫子朱祁鎮宣布：「他就是新天子！」百官聽到後齊呼萬歲，這才平息所有謠言，令朱祁鎮順利即位。至此，孫皇后升為孫太后，張太后更晉升為太皇太后。

在新皇年幼的情況下，太皇太后張氏的地位變得更加重要。依據明宣宗遺詔，所有的軍國大事都必須問過太皇太后張氏才能下決斷，眾臣也請求張氏垂簾聽政，但張氏以「不容破壞祖宗家法」為由拒絕了，她反而召集了張輔、楊士奇、楊榮、楊溥、胡濙等五位大臣，對明英宗說：「這五人，先帝之重臣，如在政策上沒跟這五人討論過，斷不可執行。」五位輔政大臣中，張輔屬於武官，不懂政事；胡濙在成祖時期就深受信任，但見識不廣，無法發揮決策作用；真正具有輔政能力的只有內閣大臣楊士奇、楊榮與楊溥，時稱「三楊」。張氏對三人非常信任，凡事都必須找三楊一同裁決。

正統初年，三楊執掌朝政，他們延續了仁宣二帝的政策，讓「仁宣之治」的成果得以傳承後世。他們還改革了宣宗後期的弊病，包括逐漸奢靡的日常開銷，他們在英宗即位後，建議辭退過多的樂坊舞者，減少不必要的奢侈支出，皇室因此減少了大量開銷。他們也徹底解決了「定都」問題，自成祖遷都北京以來，「北京」這個新京師的地位一直搖擺不定，仁宗時期甚至曾因為資源運輸不便而

想還都南京，後因仁宗猝逝而未能執行，宣宗時期雖維持居住於北京的決策，但也只稱呼北京為「行在」，並沒有實際確定其京師的定位。到了正統五年（1440），英宗在三楊的建議下，再次大規模修建紫禁城，隔年完工後，便下詔將所有北京城衙門上的「行在」字樣拿掉，並在南京的諸衙門加上「南京」二字，這才正式確定北京為全國首都的地位。

英宗初年，在太皇太后張氏與三楊的通力合作下，國家達到「天下清平，朝無失政」的局面，仁宣二朝以來穩定的局勢總算延續下來。張氏旁聽朝政，三楊居中輔佐，朝廷大小事都交由三楊處置，在這數年間，國家吏治清明，再創明朝開國以來的政治巔峰。表面上看來，英宗初年四海昇平，一片祥和。但背地裡，危機早已蠢蠢欲動！

三楊適合作為延續太平盛世的輔臣，但當國家內部的矛盾與外患相繼爆發之時，三楊卻選擇明哲保身，不敢向皇帝提出重要諫言，甚至也提不出解決方案，最終使明朝陷入危機之中！

首次宦官亂政：操線人偶英宗

自明成祖以降，宦官權力逐漸高漲。成祖之所以能稱帝，多虧了南京宮內宦官出賣惠帝，這才使他贏得靖難之役，因此他自然大量起用宦官。成祖因而設立宦官專司的

特務機關──東廠，並賦予宦官諸多權力，甚至令司禮監的秉筆太監能代替皇帝在奏章上「批紅」，使宦官幾乎成為皇帝的代理人！

即使如此，成祖、仁宗、宣宗三朝卻一直沒發生嚴重的宦官亂政問題，這是因為這三位皇帝都已年長，而且行政、治國經歷豐富，自然不易被宦官蠱惑，甚至能自如地運用宦官為自己做事，如成祖、宣宗都重用宦官鄭和來處理出使西洋諸國的大事。

但到了英宗朝，狀況就不一樣了。英宗年幼即位，較沒主見，自小就與一票阿諛奉承的宦官混在一起，所思所想都深受宦官影響，宦官很快就化身為皇帝背後的「藏鏡人」，成為朝廷上擁有實質權力的人。成祖重用宦官的禍端，也自英宗一朝開始發作！

英宗朝最受重用的亂政宦官，當屬王振。王振是山西蔚州人（今河北蔚縣），他略通經書，還曾考過舉人，可以算是讀書人。然而，讀書人自古以來都相當厭惡閹人，王振也算是讀書人，怎麼會甘願入宮當太監？相傳王振曾因為好賭而積欠大量債務，結果下體遭債主踹爛，導致他只能自閹。此事傳出後，王振因此被同僚恥笑，在羞愧難耐的情況下，只得入宮當太監。王振不願提起這段往事，只能對外謊稱自己是因為屢試進士不第，才入宮當太監。不論這則傳言是真是假，王振將會成為英宗朝全國最有權力的太監！

　　王振入宮後，被選入東宮成為太子朱祁鎮的侍從，由於曾讀過一些書，能說出不少朱祁鎮前所未聞的事物，再加上他為人愛拍馬屁，因此王振深得朱祁鎮寵信。當朱祁鎮即位，成為明英宗後，王振自然「升官」成為司禮監的負責人。前面曾提到過，「司禮監」的太監甚至有幫皇帝批閱公文的權力，可見司禮監在朝中地位之高，而王振仗著皇帝的寵信，搖身一變，成為這個單位的掌權人！

　　王振除了愛拍馬屁，也很會察言觀色，性格又相當狡詐，他知道太皇太后張氏與「三楊」老臣才是當時國家的掌權者，於是便處心積慮地設法討好這四人。

　　首先，張氏篤信佛法，常帶著英宗出宮禮佛，連續數日都不回宮，使朝臣多有抱怨；為此，王振提議在宮中設置佛堂，方便張氏禮佛，朝臣們也不會抱怨連天，自此受到張氏的賞識。

　　接著，他明白「三楊」希望英宗能好好學習，成為賢明君主的心思，因此在某日他突然制止英宗與小太監們踢毽玩耍，並在隔日清晨趁著陪英宗前往內閣議事的空檔，跪地上諫：「先皇因愛踢毽幾誤天下，陛下若也如此，國家社稷怎麼辦？」三楊被內閣外的動靜驚動，出來正巧聽見王振說這番話，「芳心」也被王振擄獲，被他忠君愛國之心所感動！

　　然而，這一切其實只是假象，王振根本是投其所好，刻意做些「好人好事」給張氏與三楊看，讓他們認為自己

是個「好太監」，而不制止當時還是太子的朱祁鎮寵信自
己；暗地裡，他等待著時機，希望能在朱祁鎮即位後拿下
朝堂上的實權。

正統元年（1436），英宗即位的第一年，王振就開始
干涉朝政。他唆使英宗以「邊情會議延遲」為由，將兵部
侍郎王驥等人下獄。雖然很快就將他們釋放，但無疑給眾
臣一記警訊。此後，王振開始與以「彈劾官員為職」的
「科道官」合作，科道官紛紛藉著王振的名義，到處興風
作浪，與王振及其黨羽不合的公、侯、駙馬、尚書等高
官，無人不被彈劾，不少人因此下獄、矯正，甚至譴謫返
鄉。就連太后張氏欽點的五大輔政大臣之一的胡濙都無法
倖免！

王振濫權之事，太皇太后張氏都看在眼裡。某日，張
氏召集輔政五大臣及王振。張氏當面怒斥王振：「你伺候
皇上起居，卻不自律，濫權無度，今天就應該賜死你！」
張氏的左右女侍馬上拔刀架在王振的脖子上，英宗見狀連
忙跪地為王振求情，五大臣見皇帝如此，也跟著跪地求免
王振一死。張氏續道：「皇帝年幼，哪知道這種人自古禍
國殃民？看在皇帝與諸大臣的情面上，饒王振不死，但今
後不得再干預政事！」張氏了解王振的跋扈，但沒能看清
宦官亂政的可怕後果，此時她只是稍加訓誡王振，對他並
沒有起殺心。

正統六年（1441），紫禁城的前三殿——今太和殿、

中和殿及保和殿終於修成，英宗下令開席大宴百官。當日，英宗遣人探望王振，得知王振正在因自己無法參加宴會而發怒後，便立刻違背「宦官不得參與宴會」的祖訓，敞開宮殿大門，邀請王振參加宴席。王振抵達，問明是皇帝下達的詔令後，便大搖大擺地走進宮門，百官也不得不拜見這位深受皇帝寵信的宦官，這讓王振更加高興。由此可見，早在太皇太后張氏輔政期間，王振之權勢就已滔天，不可一世。

正統七年（1442），太皇太后張氏過世，王振眼看唯一能鎮住自己的張氏不在了，便更加肆無忌憚地賄賂百官、招募黨羽、打壓異己。由於王振打壓異己手段相當兇殘，再加上特務機構「錦衣衛」也在王振控制下，不僅奸臣拋開廉恥，湊到王振面前巴結、拍馬屁，就連想認真為國家做事、施展抱負的大臣，也不得不討好王振，江南巡撫周忱就是一個典型的例子。王振新宅落成時，周忱馬上送上毛毯當賀禮；得知王振信佛，周忱馬上奉上一尊金觀音；因此，周忱頗得王振歡心，周忱所上的奏摺，朝廷幾乎無不應允，反而讓他做了一些利國利民的好事。

在太皇太后張氏過世、英宗親政以後，三楊亦年事已高，王振也開始謀劃著要將三人「各個擊破」。

首先，王振派人揭露楊榮經常私下接受將領賄賂之事，群臣因此疏遠他，王振再趁機落井下石，最後楊榮鬱鬱而終；接著，王振把刀鋒轉向楊士奇，暗示御史彈劾其

子楊稷的殘暴蠻橫之行，楊士奇難辭其咎，被迫告老還鄉，不久就病逝；最後，三楊僅存為官清廉的楊溥，勢單力孤，王振便趁機將己方人馬引入內閣，讓楊溥難以再繼續與之抗衡，楊溥也在幾年後病逝。王振至此成功瓦解三楊的勢力，更加為所欲為、肆無忌憚。

朝中的文武百官為了蒐羅禮品送給王振，常常到處攫取財富，造成官場貪風大盛，吏治敗壞。王振惡行惡狀如此囂張，在深宮中的英宗居然不以為意。由於英宗從小就倚賴王振，他始終相信王振是可靠之人，所以王振的地位無人能撼搖。

土木堡之變：英宗被俘

儘管王振再怎麼囂張跋扈，最終仍難敵天降橫禍，北方蒙古瓦剌外敵的來襲，讓英宗、王振，甚至是大明王朝都面臨著生死交關的考驗。

北方的蒙古草原上，蒙古各部落從明太祖以來勢力互有消長，瓦剌部落擊殺韃靼部落首領阿魯台後，在正統初年又兼併其他蒙古部落，成為蒙古的新霸主。正統四年（1439），也先成為瓦剌部落首領，自號太師淮王，並與明朝維持朝貢關係，但他對明朝的索求也越來越多。期間，也先繼續擴張勢力，瓦剌的勢力迅速擴展至東接朝鮮半島邊界、西達現今新疆境內，勢力範圍龐大到難以想

像，但明朝對於也先的擴張居然置若罔聞！

　　也先此時將目光轉向氣候更怡人、土地更肥美、人民更富庶的明朝，雙方正好在朝貢與政治聯姻上發生摩擦，也先一直等不到明朝答應要嫁給自己兒子的公主，一氣之下，於正統十四年（1449）兵分四路，大舉犯明。

　　當時的明廷還是歌舞昇平，對此毫不在意，王振也以為也先只是虛張聲勢，沒想到，戍守邊境的明軍與瓦剌軍交戰，馬上被打得落花流水，大敗的戰報很快傳到北京。王振這時便在完全不清楚敵我情勢的情況下，唆使英宗御駕親征。雖然英宗從沒經歷過戰場實戰，但總聽聞父祖輩爭戰蒙古的英勇事蹟，因此對於御駕親征、宣揚國威非常憧憬，於是他決定效仿先祖，御駕親征！

　　正統十四年（1449）七月，英宗正式下詔決定親征蒙古，命弟弟朱祁鈺留守北京。這時，前線戰況激烈，明軍多處遭到瓦剌軍圍攻，瓦剌軍勢如破竹，而明軍在監軍太監郭敬的管理下軍紀敗壞，一交戰就全軍覆沒，不少守將戰死沙場。即使敗報頻傳，王振仍堅持親征到底。就這樣，英宗與王振倉促地率領中央文武官員與五十萬大軍出發，在敗績陸續傳來的情況下，軍民皆膽戰心驚，軍心相當不穩。

　　經過多日行軍，軍心不穩，又因事前準備時間太過匆促，糧餉不足，再加上天公不作美，連日颳大風下大雨，搞得人心惶惶，士兵們疲憊不堪。群臣紛紛請命希望暫停

行軍，這讓急於立功的王振大為光火。由於英宗將軍隊指揮大權交給王振全權負責，王振因此怒罰那些違背己意的官員，請命的大臣動輒被罰跪一整天。到了後期，情勢險惡到連王振的黨羽都勸王振退兵，但王振就是不聽，執意繼續前進。

就這樣，士氣低落的明軍終於到達北方戰場邊境，屍橫遍野的慘狀更讓士氣跌落谷底。當明軍終於抵達大同，也先決定先避其鋒芒，因此先行撤退，蟄伏於暗處伺機而動。王振找不到能讓自己立威的瓦剌軍，便考慮繼續北進，這時，親信太監郭敬的密報終於傳到，信中清楚闡述明軍慘敗的狀況，王振這才發現事情的嚴重性，於是決定班師回朝。

八月初，明軍終於開始班師，原本打算走紫荊關，這樣就能路過王振的故鄉蔚州，王振想讓蔚州鄉親看見自己率領大軍衣錦還鄉的榮景，但軍令下達後，王振又突然想到，若五十萬大軍行經家鄉，家鄉農地的莊稼勢必被踐踏，於是他臨時決定變更班師路線，改往北走繞道宣府後再返抵北京。

其實，原本走紫荊關這條路是個不錯的主意，畢竟那是回京最便捷、快速的路線，以安全性為考量的話，正是班師回朝的首選；但王振最後決議北行，無疑增加了明軍與瓦剌軍相遇的風險。行軍路線突發性地更動，不僅耽誤了行程，更增添軍中的疑慮。

　　8 月 7 日，明軍抵達宣府，瓦剌軍開始行動，瓦剌軍開始步步進逼，緊緊追趕在明軍後頭。到了 12 日，瓦剌已經追到近處，明軍才匆匆派吳克忠、吳克勤兄弟帶兵殿後，結果吳氏兄弟戰亡。當吳氏兄弟戰歿的消息傳來，王振才再派成國公朱勇等人率四萬兵力前去抗敵，結果仍是全軍覆沒。隔日，明軍來到土木堡，此時離懷來城只剩二十里的路程，群臣建議王振讓全軍進入懷來城休息，但王振卻以輜重未至為由，下令於土木堡紮寨。由於土木堡建於高地上，因此明軍選擇在高地紮營，勢必面臨四處無水、無險可守的窘境。到了 14 日，瓦剌軍追至土木堡，圍困明軍。明軍居於高地，四面全是瓦剌軍，完全被孤立，再加上水源被切斷，明軍挖地二丈仍挖不出任何水源，全軍陷入既驚慌又饑渴的境地！

　　隨後，瓦剌軍發起衝鋒，與明軍晝夜激戰，面對攻勢連連的瓦剌軍，王振不敢下令突圍。當之後瓦剌派人詐和、突然撤開包圍圈時，英宗大喜，馬上派人議和，王振也趁機下令全軍移寨到最近的水源區，結果這一動使明軍行列大亂，瓦剌軍再次冒出衝殺，大呼：「棄甲者不殺！」早已士氣跌落谷底的明軍連忙脫衣丟甲，結果裸身因互相踩踏而亡者，不計其數，屍體遍布山野。

　　混亂之中，王振遭怒不可遏的護衛將軍樊忠一錘打死，樊忠大喊：「終於為了天下人殺了此賊！」之後又奮力擊殺數名敵軍，最後死於亂箭之中。英宗眼見無法突

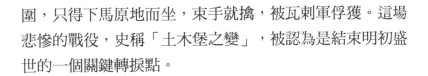

圍，只得下馬原地而坐，束手就擒，被瓦剌軍俘獲。這場悲慘的戰役，史稱「土木堡之變」，被認為是結束明初盛世的一個關鍵轉捩點。

京師保衛戰：決不放棄北方！

明英宗被俘後，瓦剌首領也先高興地寫信給明廷，希望能藉英宗這隻金雞母來勒索金帛財寶。這封語帶要脅的信件被連夜送至北京，孫太后與錢皇后收到信件後，原本打算先封鎖消息，盡快籌措金錢、寶物將英宗贖回。

但在世上沒有不透風的牆，英宗戰敗被俘的消息很快在群臣間傳開，朝中人人驚惶失措；再加上不少土木堡戰敗倖存歸來的士兵陸續抵達北京，個個遍體麟傷，狼狽至極，這加劇了京城緊張的氣氛。孫太后知道無法再繼續隱瞞下去，於是召集百官，宣告戰敗惡報，之後命英宗之弟朱祁鈺繼續監國，更冊立英宗之子朱見深為太子。

此時京師戒嚴，所剩的兵馬不到十萬，而且都是老弱殘兵，京城內人心惶惶，群臣們都在朝中哭泣。朝廷必須馬上商議出對策，解決瓦剌軍來犯的問題。

此時，翰林院的徐珵以夜觀星象的理由，認為應該遷都南京才能化解災厄，他也表示自己早已將家人南遷；這時一提南遷，人心更加浮動。眼見南遷將成定局，輔政大臣胡濙急忙反對：「成祖葬於北京，就是以此告訴子孫不

要妄動！」兵部侍郎于謙更屬聲道：「再提遷都者，立斬！現在必須號召天下勤王之兵死守到底！」在重臣胡濙跟于謙的同聲呼籲下，文武百官也激發出男兒血性，大聲贊同「死守北京」的決定。

但孫太后仍然疑懼，問身旁太監劉永昌該如何是好。劉永昌道：「皇陵、宮殿都在北京，南遷事關重大，一旦真的遷都南京，就大勢已去，我們將跟南宋一樣！」孫太后這才明白，南遷必定會自亂陣腳，引敵入室。最後，孫太后與朱祁鈺將守護京城的重責大任交給大臣于謙，並升其為兵部尚書。

接掌兵部尚書的于謙是浙江人，永樂年間的進士，他在宣德年間擔任御史，屢次為民除害、洗刷冤屈，深得宣宗賞識；之後宣宗再任于謙為河南、山西巡撫，在任19年下來深得民心；到了英宗朝正統十三年（1448）才入京進入兵部。于謙自小就有救國之志，文天祥是他學習的對象，曾為文天祥畫像題字「殉國忘身，捨生取義」。于謙這題字，等於預告了自己的未來。

此時正逢國家有難，于謙臨危受命，他終於能貢獻自己報效國家，於是積極備戰。于謙輔佐朱祁鈺，在十多天內完成京師部屬，包括廣招天下之兵赴京守衛、進行政府各部會人員的調動任命、派兵協防鎮守北方軍事要地、發動軍民到通州將官倉的糧食載運進京城。經過于謙的整頓，北京的防衛逐漸完備，人心才漸漸安定下來。于謙深

得孫太后與朱祁鈺的信任，一時風頭無兩，很快就引起同僚忌妒，埋下日後遭清算的禍端。

完備北京防衛後，朝臣開始檢討土木堡戰敗的原因，所有人都將罪責歸咎到王振及其黨羽身上。當負責監國的郕王朱祁鈺臨朝聽政，朝臣們提議要誅殺王振一族，藉此平息眾怒，這讓朱祁鈺相當為難，畢竟也先並沒有殺死英宗，英宗可能隨時歸來，如果嚴懲王振一族，非常可能會得罪英宗，因此朱祁鈺並未給予明確回覆。朝臣們不滿於朱祁鈺曖昧的態度，堅持必須馬上咎責王振之過，此時朝堂上一片吵鬧、混亂，甚至逼出錦衣衛指揮官馬順出面喝退百官，沒想到馬順被憤怒至極的群臣打死。眼看朝堂上的秩序即將失控，朱祁鈺只得答應嚴懲王振一族。

得到了應允的朝臣仍舊怒氣難消，他們又提出要求——令王振的親信宦官毛貴、王長就地伏法！朱祁鈺只得依言將兩人押到殿上，朝臣們立刻撲上去，又一陣痛毆，兩人如同馬順一樣，當場活活被打死！就這樣，平時應是手無縛雞之力的文官，在怒氣和恐慌的加成下，一連打死三個人，這才稍稍緩解他們緊繃的情緒，能靜下心來處理後續事務。

朝堂上連續死了三個人，各處血跡斑斑，朱祁鈺驚恐萬分，意圖退朝離開朝堂，但于謙立刻上奏，請他下令「不得追究百官打死人」之罪，朱祁鈺的神智才漸漸回籠。受了驚嚇的朱祁鈺馬上下令誅殺王振一族並抄其家

產，王振一族不分老少都被斬首，當沒收其家產時，居然搜出金銀六十庫、玉盤一百個、巨大的珊瑚樹二十餘株、駿馬萬匹！可見王振貪財多麼嚴重。王振的親信太監也陸續被抄家，這下宦官的勢力才終於被削減。

此時朝中久無皇帝坐鎮，對朝政運行非常不利。朱祁鈺雖是孫太后指名的監國，但終究不是皇帝，能做的事情實在有限；再者，英宗還掌握在蒙古瓦剌手中，其首領也先若一直以此要脅，對明朝也很不利；再加上英宗嫡子朱見深雖已被奉為太子，但年僅3歲，難以擔當重任。因此，群臣上奏孫太后，請求讓監國朱祁鈺繼任皇位。朱祁鈺起初不想登位，但在于謙的勸說下，只得即位為帝，是為明代宗。這下明廷總算有了年長的皇帝，終於能安定民心、堅守抗戰。

代宗登位，以于謙為首的朝臣迅速整頓朝政，瓦剌軍在意料之中大舉帶兵來襲。也先率兵挾著英宗來到大同，以「歸還英宗」之名，行勒索擄掠之實，但令也先意外的是，大同守軍竟回告自己：「朝廷已有皇帝。」這讓也先難以再利用英宗威脅明軍，於是只能繞過大同，往南繼續挺進。瓦剌軍一路勢如破竹，很快進逼北京，北京守軍獲報後，隨即開始戒嚴備戰，嚴陣以待。指揮官于謙考量了雙方的兵力差距及作戰能力後，決議固守，分遣22萬明軍鎮守北京各城門。

瓦剌軍迅速兵臨城下，由於土木堡的大勝，讓也先以

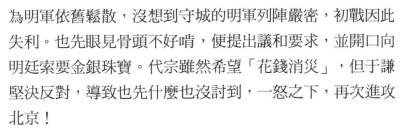

為明軍依舊鬆散，沒想到守城的明軍列陣嚴密，初戰因此失利。也先眼見骨頭不好啃，便提出議和要求，並開口向明廷索要金銀珠寶。代宗雖然希望「花錢消災」，但于謙堅決反對，導致也先什麼也沒討到，一怒之下，再次進攻北京！

瓦剌軍與明軍在德勝門外廝殺，此時明軍動用火炮防禦，瓦剌軍大敗，就連也先之弟，素有「鐵元帥」之稱的孛羅也在戰鬥中被火砲擊殺！眼看德勝門進攻失利，也先決定從別處下手。他率軍對西直門發起猛攻，但結果仍遭城牆上齊發的火炮擊退，瓦剌軍遭到猛烈反擊後難以支撐，被迫退兵離去。也先原以為這次可以輕取北京，結果卻慘遭擊退，心有不甘，便在撤軍北返途中沿途劫掠，以解心頭之恨。

無論如何，在兵部尚書于謙的指揮下，明軍頑強抵抗，瓦剌軍終於放棄攻取北京，被迫退回漠北，北京保衛戰終於以明朝勝利告終。這也讓大明王朝免於重演「北宋遭金人吞吃華北」的命運。

英宗歸國，經奪門之變再復位

在土木堡之變擄回的明英宗，對也先來說，是個絕佳的敲詐工具，初期他確實靠著英宗敲詐了明廷不少財物；但當明廷擁立新帝，並堅決發起抗戰後，英宗的功用變得

越來越小，就連雙方的朝貢貿易、互市貿易也隨之中斷，瓦剌的經濟更因此遭受嚴重影響。這些在在都讓也先對英宗失去興趣，思考著如何歸還英宗。

　　代宗即位後，孫太后被尊稱為上聖皇太后。孫太后時時想念著兒子英宗，她多次寄送禦寒衣物到瓦剌軍中給英宗穿戴。明朝上上下下，不管是朝中大臣還是販夫走卒，對於「皇帝被俘」這件事都覺得是奇恥大辱，希望能盡快迎回英宗，但已坐穩皇位的代宗卻顯得興致缺缺，異常消極，這也讓朝臣對代宗相當不滿。兵部尚書于謙早知道代宗的心思，所以從容地對眾臣說：「天位已定，誰還敢議論？」這才讓代宗稍微安心，對於「迎英宗返國」這件事，雖沒有相當積極地籌備，但也終於不再牴觸。

　　經過明廷多次遣使交涉後，也先終於在景泰元年（1450）八月放還英宗。其實，早在代宗登基之初，確定還未被「撕票」的英宗，就被尊稱為「太上皇」，但當英宗歸國後，代宗卻只簡單地進行禮儀性招呼，就將這位「太上皇」送至南宮，並遣錦衣衛嚴加看管，不准他與外界聯繫，實際上就是變相的軟禁，太上皇英宗至此開始了他悲慘的軟禁人生。

　　代宗對待英宗非常刻薄，就連英宗生日，官員們想前往南宮祝壽，代宗都一概禁止，只有仍保有部分權力的孫太后能前往南宮探視英宗。就連原本的英宗長子朱見深，代宗也準備廢掉他的太子之位，改立自己的獨子朱見濟為

太子。儘管朝臣高舉反對旗號，但代宗仍一意孤行，依舊把朱見深降為沂王，立朱見濟為太子。但立完新太子不久，朱見濟在隔年就夭折逝世，這下太子之位又空了出來。之後有朝臣建議讓沂王朱見深重回太子之位，但代宗堅決不肯，提案的大臣不是被廷杖打死，就是被下獄。

代宗對於英宗的看管甚嚴，任何跟英宗有往來的大臣，都慘遭殺害、入獄，代宗甚至將南宮附近所有的樹木砍盡，就是為了防止英宗與任何外人接觸。

景泰七年（1456）年底，明景帝病重，他取消了隔年元旦朝賀的典禮，並隱匿自己的病情。這不尋常的舉動令朝臣起疑心。曾在京師保衛戰建功、被封為武清侯的大將石亨被召至皇帝病榻前，果見皇帝病重，之後還有其他大臣也陸陸續續發現皇帝病重，他們向親侍皇帝的太監詢問病情，太監表示代宗恐怕撐不過十天，於是立儲之事再次被提起討論。百官商議後，覺得應該再請英宗長子朱見深回鍋太子，於是陳請代宗復立朱見深為太子。但就在此時，明朝骨子裡刻下的「骨肉相殘」基因再次準備上演。

曾見過代宗重病的石亨，與太監曹吉祥等人商議，與其再立朱見深為太子，不如直接請回太上皇英宗即位，這樣必能獲得英宗的賞賜！

因此，石亨遣人密報英宗他們的計畫，並在景泰八年（1457）正月十四日夜間，聚集於曾在京師保衛戰前提議南遷、原名為「徐珵」後改名為「徐有貞」的大臣的住處

商討對策。徐有貞知道這是一個出人頭地的大好機會，所以全力支持，便派太監曹吉祥密報孫太后，孫太后也點頭同意，幾日後，被幽禁許久的英宗也答覆同意行動，於是石亨等人便開始執行英宗的復辟計畫。

十七日凌晨，石亨等人帶兵進入宮門，並將宮門反鎖，防止外面的士兵進入干擾英宗復辟，隨後快速趕至南宮，卻發現南宮宮門的大鎖居然因被灌漿而無法開啟，石亨便號令士兵直接毀壞門牆，「救」出英宗。英宗坐上皇輦，並詢問「勤王」之兵的官職姓名後，大軍浩浩蕩蕩地向大殿衝去。到了宮門口，守門將士原本意圖阻攔，但在英宗大喊：「朕乃太上皇！」之後，守門將士便在匆忙間敞開宮門，讓英宗一行順利入宮，復辟成功。

時間來到十七日早朝。群臣正等待著代宗主持朝政，結果宮中鐘鼓齊鳴，宮門大開，大臣徐有貞還喊著：「太上皇復位啦！」群臣一陣錯愕，一旁的徐有貞則催促群臣整隊向英宗朝拜。英宗終於重回皇位，並下詔：「眾人以景泰帝病重，所以迎朕復位，眾卿照常做事，與朕共享太平！」此時群臣高喊「萬歲」，英宗帝位就此穩固。此事就是明史上著名的「奪門之變」，或稱「南宮復辟」。

此時代宗仍臥病在床，只聽到外面喧鬧聲不斷，對於皇位不保已有預感。果不其然，不久後便有人來報「太上皇復位」的消息。代宗聞言只是淡淡地說：「好，好呀……」代宗千防萬防，仍舊防不住這一天的到來。

英宗復位後，隨即開始朝臣官位大洗牌。首先，英宗在復位當天便大力提拔石亨、徐有貞等擁立自己復位的官員，徐有貞甚至因此被任命進入內閣；次日，于謙等代宗身邊的重臣、太監則通通被下獄處置。

到了正月二十一日，英宗下詔更改年號，將景泰八年改為天順元年，正式開始英宗的第二任期。英宗隨後將代宗登位定調為「篡位」性質，並在二月初一以孫太后名義下旨，廢除代宗帝位，並對其加以毀謗；此外，也大力稱讚英宗（自己）的執政、領軍能力，會發生「土木堡之變」，實在是不得已的結果！

代宗被廢後，不久便撒手人寰。但他的死因成謎，究竟他是因病過世？還是慘遭英宗殺害？後人不得而知。「奪門之變」成為繼「靖難之變」與「高煦之亂」之後，又一起皇室相鬥相殘的悲劇。

兵部尚書于謙下獄後，原本就對于謙恨得牙癢癢的石亨、徐有貞，欲除之而後快，便污衊他意圖謀反，提議將于謙等人凌遲處死，並沒收家產。此案上奏到英宗手邊，英宗有些遲疑，因為于謙雖然是擁立代宗即位的罪人，但他同時也是帶領明朝打贏京師保衛戰、護國有功的大功臣，但在大臣徐有貞一再勸說下，英宗仍判于謙死刑並抄其家產。

一代名臣于謙就這樣被殺，在查封家產的過程中，于謙「清廉」的形象曝光，最貴重的財產只是代宗賜下的配

劍與衣服。于謙的命運真如他的偶像文天祥一樣，至死都不得善終。于謙之死，天下人也為其喊冤，這也成為英宗復位後所做的最大的一件錯事。于謙死後，明軍再次軍紀渙散，導致邊患不斷，英宗時常為此感到心煩。英宗因而後悔：「若于謙還在，決不會讓邊寇如此囂張。」但這一切都已為時已晚。

孫太后在英宗復位後，被尊稱為聖烈慈壽皇太后，到了天順六年（1462）九月，孫太后病逝，與明宣宗合葬在景陵。《大明風華》的男女主角終於在地下相會。

綜觀《大明風華》的故事背景，不僅能看到明朝最輝煌的年代——鄭和下西洋、編制永樂大典、遠征蒙古威震天下，也能看到象徵改革與安定的仁宣之治，最後，也能看見明朝最重大的變革——「土木堡之變」及「奪門之變」。觀眾們可說在六十餘集的劇集中，完整見證了明朝初年的潮起潮落。

在短短不到百年的時間，明朝的國勢可說是來個「急轉彎」。孫太后在這段期間雖不是最主要的關鍵人物，甚至連她的前輩——太皇太后張氏都比她更有權勢，但孫太后無疑是親眼見證了明朝由盛趨衰的整個過程，也是明朝史上罕有能經歷「六朝五帝」的皇太后。

第三部

「小人物」
也能撐起一片天

第一章　治世能臣就是我！

　　中華五千年的歷史之所以能夠流傳至今，百姓之所以能夠安居樂業，甚至歷朝歷代出現許多輝煌盛世與安定和平的朝野，很大一部分應該歸功於每個朝代中的能人異士。在各個朝代的歷史中，若沒有這些力挽狂瀾、清高治世的功臣身影，想必難以打造出皇帝內心的理想世界，更別提令皇帝醉心的奢侈娛樂生活了。能臣存於朝野的重要性，就好比一家公司的骨幹員工，若整間公司的大小事都由老闆處理，這間公司的運轉勢必相當遲緩，老闆也會相當疲倦；但當老闆只針對重要大事擬訂執行方向，細節執行轉交由骨幹員工處理，可想而知，這間公司執行事務時必定非常有效率。接下來，就讓我們看看大明王朝中，這幾位赫赫有名、支撐著明朝政務的治世能臣吧！

是神棍還是預言家：劉基

字號	字伯溫	諡號	文成
生卒年	1311～1375	侍奉君主	太祖

　　劉伯溫是著名的明朝開國元勳，他跟隨朱元璋，為其出謀劃策打下大片江山，並輔佐明初政策推展，然而，他為國、為民、為君的全心奉獻，卻沒有得到相等的對待。劉伯溫的晚年深受朱元璋的猜忌、小人同僚的陷害所擾，最終在不安穩地狀態下離世。

　　從劉伯溫幼年的生平故事可以知道，他自幼聰穎異常、性情奇邁，一路認真學習的劉伯溫在考中進士後，開啟了他的加官進爵之路。他曾擔任過高安縣的縣丞，總是乾脆俐落、秉公辦理政務，因此在當地獲得廉潔正直的名聲後，長官準備提拔他，沒想到劉伯溫竟謝絕離去。後來，劉伯溫又出任江浙儒學副提舉，討論御史失職之罪，卻因元末政治腐敗而連續兩次上奏彈劾未果，劉伯溫因此怒而棄官還鄉。就此看來，他前期的為官之路似乎全憑個人喜惡，想任官就任官，想罷官就罷官，全看自己的心情行事。

　　劉伯溫棄官歸隱青田的時候，正值山寇為患之際，劉伯溫出手稍加部署，賊寇因此繞道而行，秋毫無犯。此外，劉伯溫為官清廉與獨樹一幟的風格早已傳誦千里，朱元璋起兵反元之時，便再三請求劉伯溫輔佐自己，經過數次書信往返後，劉伯溫終於答應了朱元璋的請求，出山輔佐朱元璋，為朱元璋打下好幾場成功的戰役，最終成就帝業。

　　劉伯溫自幼博通經史，無書不讀，尤其精於天文，從

旁輔佐朱元璋稱帝後，更時常留下對國事的展望與預言，朱元璋雖欽佩他的聰慧才智，同時卻也時常興起試探與猜忌懷疑之心。

這裡就得提提民間有名的預言書《燒餅歌》了。它的誕生故事是這樣的——某日朱元璋在內殿吃燒餅，只咬了一口便聽見通報「劉伯溫晉見」之事，朱元璋便覆碗於燒餅上，開口問劉伯溫碗中所放何物。劉伯溫屈指一算，答道：「半似日兮半似月，曾被金龍咬一缺。依臣所見碗中為一燒餅是也。」朱元璋眼見他真的猜中，一時興起，便問起「朱家的天下能否延續」的問題，劉伯溫在獲得朱元璋允諾的免死金牌後，接受朱元璋的提問，這場君臣間的問答由旁人記錄下來後，便成了涵蓋明朝後幾十年的預言，後世便稱其為《燒餅歌》。《燒餅歌》全文共計1912字，全是由隱語歌謠所組成，根據八卦來撰詞，可以從一定的象數規律解釋，涉及「象、數、理、占」的入化應用。

這時的劉伯溫還深受朱元璋器重，但到了晚年，就不是如此了。劉伯溫作為一代軍師智者，在成功開國建業之後，就開始過起韜光養晦的生活，他深知自己平時在朝堂上疾惡如仇、據理力爭的行為，輾轉之間早得罪了多位同僚和權貴，同時他也深知伴君如伴虎的道理，於是當機立斷，決定退隱度過後半生。

好不容易過了幾年隱居生活，但由於劉伯溫的名聲太

大，甚至廣受民間百姓愛戴，惹得小人與政敵眼紅，再加上皇帝陰晴不定的猜忌，導致不久後就開始有政敵誣告劉伯溫，扣下一頂圖謀不軌的大帽子，朱元璋也完全沒打算為劉伯溫平反，反而直接剝奪了他的一切榮耀，甚至在劉伯溫晚年染病的時候，派他的頭號政敵——胡惟庸騷擾他並趁機下毒，使劉伯溫病情加重，最後，劉伯溫憂憤而死，享年 65 歲。

據說劉伯溫死前曾預言過，朱元璋之後必定會後悔，並會為自己平反昭雪，甚至將追究胡惟庸的一切罪行，因此，他特別留下一封密奏給兒子，讓朱元璋想起自己之後再上奏。果不其然，劉伯溫死後不久，胡惟庸就因欺君而垮台，劉伯溫的冤屈也得到平反，朱元璋還賜給劉氏成員免死金牌。

劉伯溫留下了許多文學創作，他對於哲學、史學、易學等領域都有進行顯著的貢獻與研究，甚至留有不少為人處世的道理，流傳至現今，這些道理仍適用於職場、應酬等交際場合之中。

狐狸早晚露出尾巴：胡惟庸

字號	無	諡號	無
生卒年	不詳～1380	侍奉君主	太祖

胡惟庸最初是自己前來投靠朱元璋的，他將賭注全押

在朱元璋身上，想在朱元璋打敗元朝、建立新帝業的時候，為自己謀得一官半職。一開始，胡惟庸只能擔任地方官吏，朱元璋也不太重視他，因為那時候的丞相楊憲深得朱元璋重用。楊憲與劉基交好，兩人都是浙東集團的領頭羊，因此對於以李善長為首的淮西集團相當仇視，與李善長為姻親關係的胡惟庸，自然備受打壓，難以發展屬於自己的勢力，甚至曾與李善長訴苦：「楊憲為相，我等淮人不得為大官矣。」

然而，李善長與胡惟庸利用朱元璋猜忌多疑的個性，特意栽贓陷害楊憲，楊憲也因此被朱元璋誅殺。楊憲一死，李善長就推薦胡惟庸擔任右丞相。當了丞相後的胡惟庸並沒有因此大鳴大放，反而謹慎地展現自己的能力，特別在朱元璋面前，他總是恪守本分，並時常說些討巧的話來博得朱元璋的歡心。因此，朱元璋便下放越來越多的權力給他，胡惟庸的野心和欲望終於開始膨脹。

在胡惟庸擔當數年權力獨大的宰相後，他便開始培植與自己親近的淮西朋黨集團勢力，同時，他也時常不經皇帝同意就擅自下令處置案件與奏摺，彷彿朝堂上的生殺決議，都在他一念之間；後來，就連各部門的奏章，他都能比皇帝先一步查看，使民意難以上達天聽。甚至可以毫不諱言地說，在胡惟庸為相的期間，整個明廷朝野成了金錢收賄、貪贓枉法的地方，為官者不會為國家、百姓謀福利，只會暗自盤算該如何踩人上位，並謀取更多屬於自己

的利益和權力。許多正直清廉的官員受不了迫害，紛紛選擇棄官自保。

就連擔任御史的劉基都曾對朱元璋說過：「胡惟庸就像一匹劣馬，你若讓他駕車，早晚會使馬車翻覆。」這樣直白的批判果然引起胡惟庸不滿，除了處處栽贓陷害劉基，更趁著劉基生病，取得朱元璋諭令派遣醫生探視，並指使醫生在藥裡下毒，劉基吃下藥之後，腹中就出現拳頭般大小的異物，最終一病不起，一命嗚呼。當胡惟庸除去劉基這個眼中釘以後，便更加不可一世了，認為整個朝野盡掌握在自己手中。

於是，胡惟庸做了更多隱匿不報的事情，最後居然獨斷專行，在不請示皇帝的情況下，擅自處理許多重大事件，像是占城（令越南南部）前來朝貢，時任左丞相的胡惟庸便夥同右丞相汪廣洋等人隱匿不奏，意圖私吞這筆朝貢供品，但好巧不巧，這件事剛好被太監撞見，沒多久朱元璋就知道了這件事，朱元璋這才發現胡惟庸的膽大妄為與一手遮天，之後再聯想過去各大案件，讓朱元璋感受到皇權旁落的威脅，因此大發雷霆，狠狠地處置了胡惟庸一派的人馬，更將中書省和六部的相關人員全部拿下，嚴加審判，所有與胡惟庸有關的人都受到牽連，親屬、家人自是難以倖免。

此外，還有不少無辜的開國功臣，也因曾與胡惟庸往來而受到牽連，本來就打算剪除功臣勢力的朱元璋大喜，

決定借題發揮，直接下令處置這些人，總計受刑者超過三萬人。胡惟庸死後，這起案件仍未結束，朱元璋還追加「通倭」、「通虜」和「謀反」等罪名，株連了更多人。

不少史家認為，胡惟庸的膽大妄為、欺君犯上，是朱元璋故意為之，以朱元璋的疑心與狠戾，怎麼可能無法察覺胡惟庸的異心？朱元璋只不過是要等胡惟庸按耐不住，再一次誅除與他有關的亂臣賊子，甚至，利用胡惟庸案，將潛藏在朝廷中、對朱家天下的威脅一併剷除。

誅十族又何妨：方孝孺

字號	字希直，又字希古；號遜志	諡號	文正
生卒年	1357～1402	侍奉君主	太祖～惠帝

綜觀中國歷朝歷代，死得最轟轟烈烈者，非方孝孺莫屬。他受明太祖朱元璋欽佩與稱讚，也受明惠帝器重與倚賴，歷經兩代君主肯定的為官之路後，方孝孺自是對朱家帝王的知遇之恩鞠躬盡瘁，一心維護朱家王朝的正統，卻在靖難之變後，決心為國捐軀。

方孝孺在輔佐明惠帝的時候盡心盡力，對天下的政策、文學等影響巨大，那時候的方孝孺儼然是一位天下文學大家、是各家名望追隨的指標性人物，就連協助朱棣謀劃奪位的謀士姚廣孝都曾對朱棣說過：「城破之日方孝孺

是決不會投降的，但萬萬不能殺他，否則天下讀書種子將會滅絕。」朱棣當時一口答應了，他也認為與其殺掉方孝孺這個儒生，不如以誘使對方的投降來立威。

沒想到，在燕王朱棣攻破京師後，方孝孺顯盡身為文人的高風亮節、忠誠不渝。朱棣命他為自己代筆，寫下立新君的詔書，方孝孺不僅不從，還在朱棣準備的紙上寫下「燕賊篡位」四字，之後更是指著朱棣的鼻子大罵，並一一列舉朱棣的罪狀。正準備踏上龍椅寶座的朱棣，一聽便勃然大怒，用誅九族來威脅方孝孺，方孝孺梗著脖子回道：「便十族奈我何！」

怒火中燒的朱棣就直接下令捉拿方孝孺的九族、門生與至交好友，聚集在方孝孺面前處死，在方孝儒親眼見證他們的慘狀後，再將方孝孺凌遲處死，不少受過方孝孺指點的徒孫們，即使僥倖沒受到牽連，也大義凜然地追隨方孝孺而去。這場「誅十族」大禍總計牽連人數高達千人，也是朱棣成功奪位後的首樁大屠殺慘案。

關於方孝孺「誅十族」之禍，還有個特別的小故事。

相傳方孝孺之父方克勤向人購買了一塊風水寶地，準備建造家族墓園，希冀能為家族世代帶來好運，結果就在準備動工修建的前一天，夢見一位穿著紅衣的老人，老人誠懇地哀求道：「您所選的風水寶地，是我族住了很久的地方，請您再寬延三天，待我的子孫移居別處再行動工。」老人不斷地重複懇求，語畢老人就消失了。

但方克勤還是決定開工挖地,沒想到一鋤頭下去,竟挖到一大窩紅蛇,數百條交錯蠕動,這可嚇壞了眾人。方克勤認為這是個不吉利的徵兆,便指揮眾人放火燒死這些蛇。群蛇被燒死後的當天晚上,方克勤再度夢見那位紅衣老人,紅衣老人又氣又恨,指著方克勤說道:「我如此哀求你,你還是無動於衷,竟燒死我八百子孫,你等著,既然你滅我族,未來我亦滅你族!」

沒多久,方孝孺出生了。根據記載,方孝孺的舌型如蛇,時人沒有想太多,只覺得頗為特別,而方孝孺也在之後充分展露他的能力與文采,只不過在靖難之變後,方孝孺的下場極為悲慘,不僅自己赴死,還牽連了千餘人的門人子孫。就有人說,這是當年那位紅衣老人的報復,紅衣老人是修練成精的蛇王,因為方克勤滅了他的子孫,所以他就投胎成了他的兒子,然後特意經過自己之手,讓方家族人盡滅。

力挽狂瀾的大軍事家:于謙

字號	字廷益;號節庵	諡號	忠肅
生卒年	1398～1457	侍奉君主	宣宗～代宗

根據《明史》的記載,曾有位高人針對于謙的出生說過一句話:「他日救時宰相。」果不其然,于謙不但救明朝於水火之中,使其在生死存亡的關頭轉危為安,他在三

十多年的官場生涯裡，也始終維持清正廉明、興利除弊的形象與作風，深受百姓愛戴。

但是當時的明朝早已衰敗不堪，朝廷上下各黨派勾心鬥角、貪污納賄之事屢見不鮮，在于謙考取官職後，他就一直面臨「給紅包」的應酬場面，而于謙始終兩袖清風，寧願被貶低也不願違背自己的原則。于謙最初雖然只是七品的小官，但是寶石終究會發光，他謹守崗位的優異表現，使明宣宗注意到這個小小的七品官，細探之後，更對他的博學多聞另眼相看。

所以當明朝設立巡撫官時，明宣宗親自欽點于謙為兵部右侍郎，負責巡撫河南、山西兩省，于謙的官職一下子扶搖直上，連升了好幾個官階。于謙也不因此驕傲自大，他認真地遍歷兩省各地，親自視察政事、解決冤案。這段期間，他還創設許多為民著想的政策，像是義倉、平准倉、惠民藥局等，甚至無償貸予貧戶糧食，同時允許百姓直接前往衙門申冤，使兩省的百姓生活獲得極大的改善，人民都視他為再生父母、感恩不已。

實際走入底層百姓生活後，于謙認為上位者不該只是為求中飽私囊而互相勾心鬥角，因此，在之後遇到不公允與貪贓枉法之事時，往往義正嚴詞地直接批評與指責，同時也不惜得罪權貴，進行大刀闊斧的改革，這也成為後來于謙遭到誣陷，同僚冷眼旁觀、政敵趁機落井下石的原因，幾乎沒有人試圖為其平反。

當後來明英宗在土木堡之役戰敗被俘的消息傳回京師，朝野為之震動，有人主張南逃，有人主張投降，甚至有人提出獻城以求保全明英宗的性命，明廷上下混亂不堪、人心惶惶。在危急關頭，于謙挺身而出，痛斥那些主張逃跑或投降的朝臣，大聲質問朝廷百官：「到底國家重要，還是英宗個人的生命重要？」隨即說服孫太后，擁立英宗之弟明代宗上位，並調集各路兵馬，親自領軍保衛京師。在于謙的指揮調度及鼓舞之下，朝中大臣及臨時徵調的各地明軍也逐漸恢復了信心和士氣，最終擊敗瓦剌大軍，迫使瓦剌首領也先談和。

明代宗對於也先送回的太上皇英宗很不待見，除了將他軟禁在南宮中外，還拔除英宗長子的太子之位，改立自己的兒子為太子。這讓英宗相當不滿，但又莫可奈何。沒想到，數年後明代宗病倒，急功近利的大臣眼見有機可趁，夥同宦官擁立太上皇英宗復辟。

成功復位的明英宗對於「既不第一時間贖回自己，又擁立明代宗稱帝」的于謙相當不滿，再加上過去于謙為官時也處處頂撞自己，新仇舊恨加在一起，當復辟有功的徐有貞等大臣誣陷于謙謀逆時，明英宗果斷判其有罪，只聽徐有貞「雖無實據，意有之」一言，于謙就被下獄處死。

據說，于謙被處死的那天，天氣陰沉，烏雲密布，全國的百姓都認為他是冤枉的，不少百姓哀嘆朝廷又少了一個為民著想的父母官。

我不產貢丸：海瑞

字號	字汝賢，又字國開； 號剛峰	諡號	忠介
生卒年	1514～1587	侍奉君主	武宗～神宗

　　明朝有不少出名的清官，他們不僅政績顯著，下場也相當淒涼，好在還有一些例外——那就是經歷四朝君王的海瑞。他在 37 歲才初中舉人，之後屢試進士第不中，只得以舉人身分任官，一生歷經正德、嘉靖、隆慶到萬曆四朝，足足活了七十幾歲。海瑞晚年也不像其他清官落得滿門抄斬的下場，頂多就是不夠受重視罷了。

　　在同事圈裡問起海瑞，大概十有八九會搖頭嘆氣，覺得這個人實在不好相處，因為海瑞是出了名的剛正不阿，待人接物都一板一眼，又極其不擅長處理人際關係，令很多人覺得與其和他同僚共事，不如敬而遠之。

　　就好比海瑞在擔任淳安縣令的時候，當時依附在權相嚴嵩底下的鄢懋卿奉命擔任欽差，前往浙江巡視鹽務工作。鄢懋卿在出行前特別事先通知各處，強調自己生性簡樸，不喜送往迎來，因此要求接待者務必以簡樸為原則。但實際上，鄢懋卿卻是個生性浮誇之人，尤愛奢靡無度之禮，這份事先通知其實只是為了博得美名罷了。不少官吏早已打聽過鄢懋卿的行事作風，因此在鄢懋卿到達後無不遣送大禮、巴結侍奉著，只有海瑞特立獨行。

海瑞先一本正經地給鄢懋卿遞上稟帖，承諾自己會執行先前通令的原文，絕對以儉約之禮接待鄢懋卿；之後話鋒一轉，又提到最近時常收到消息，說欽差大人所到之處，不但要大擺酒席，還要供應女人，甚至每一頓飯食都要耗銀三、四百兩。說著說著，海瑞更刺激鄢懋卿，直說自己糊塗了，不知應按先前發的通告要求接待鄢懋卿，還是聽取他人的意見大肆鋪張招待鄢懋卿。這樣直白又不給顏面的說法，讓鄢懋卿大為光火，看完稟帖，一肚子火氣無法發作，最後索性直接改道，不通過淳安縣了。

但是海瑞這樣的態度與不諳事故的為人，砲火不只對準達官貴人，甚至連皇上他也敢一視同仁地開火砲轟。在侍奉明世宗嘉靖帝的時候，海瑞就曾直接上疏刺激皇帝，他在奏摺開端先肯定皇帝的功勞與政績，接著馬上開始數落皇帝的荒唐事蹟和指責批判百官獻媚的風氣，最後以期望皇帝振作作結。

這可不得了啊！直接指著皇帝的鼻子罵，這讓皇帝顏面何存？好在明世宗還是有理智的，發現自己難以反駁海瑞所言，就先把他關進監獄，等自己氣消再說；結果海瑞沒等到明世宗放他出來，只等來他的兒子明穆宗。明穆宗之所以會釋放海瑞，其實也是奉父親世宗的遺詔，因此可以推斷世宗其實知道海瑞所言非虛，也知道海瑞是個認真做事的好官，只是嚥不下這口氣。

被釋放的海瑞接著出任應天巡撫。其實在海瑞接任應

天巡撫前，數任巡撫已在此治理了十餘年，但針對水患問題都難有成效。海瑞甫上任就花費大量精力四處實地考察，認真地擬定幾條因應水患的策略，在他的任內，不僅根絕了水患問題，還大幅提升城市發展，使黃浦江畔的上海縣也抓準發展契機，在此時奠定基礎，終於成為現今中國最重要的工商業中心。

但海瑞後期卻一直沒得到重用，甚至逝世後都因為缺錢而無以為葬。萬曆初年的首輔張居正就曾評價海瑞：「是好人但不是好官。」綜觀海瑞當官的十幾年，鮮少有能讓人稱頌的政績（上述的「治水」正是其屈指可數的政績），他將大部分的心力都放在對抗官場惡習與批評皇帝作風上。張居正認為，「清官」是想成就自己清名的官，也就是海瑞這類的官員，「循吏」這種以出錢賄賂高官來達到替百姓服務目的的官員，才是真正的好官。

明朝中後期的朝野腐敗，宦官奸臣橫行，不適合清官生存，只有懂得待人處事道理的循吏才能讓百姓過好日子，這也是為何海瑞到了晚年仍未受重用，反而賦閒而居，就連過世的時候也沒錢安葬的原因。

鞭子與蘿蔔的取捨：張居正

字號	字叔大；號太嶽	諡號	文忠
生卒年	1525～1582	侍奉君主	世宗～神宗

　　張居正自幼聰慧，他 13 歲就應考舉人，受主考官顧璘賞識，但顧璘考量到「年少得志多沒有好下場」，於是為了磨練他，便強制讓他落榜。三年後，張居正再次應考舉人，這次沒有主考官的介入，他成功中舉，之後又在 23 歲那年考中進士，此後一路官運亨通，從翰林院庶吉士、宰輔往上晉升，這時候的他，也結交了不少朝廷重臣和宦官，包括大臣高拱、徐階、嚴嵩及宦官馮保等人，與這些人的相交令張居正的仕途大開，但同樣也為他死後抄家的災禍埋下種子。

　　由於明神宗年幼登基，不能親政，所以便由身為宰輔的張居正把持朝政，這時候的張居正，除了宰輔身分外，還有另一個身分——帝師。或許正是身為老師的責任和氣節，張居正手握大權、把持朝廷，卻沒有心懷不軌作亂犯上，反倒是仔細分析和說明朝政大事給小皇帝聽，同時還帶領朝廷百官推動改革與變法，將衰敗不堪的大明王朝重新拉回跑道，甚至還隱然有些中興的勢頭。

　　但隨著明神宗逐年長大，邁入青少年叛逆期的他，開始覺得這個時常管束自己的老師很煩，極其討厭「自己明明是天下最尊貴的皇帝，卻得聽張居正之命行事」的現象。再加上當時神宗因故痛打馮保養子，事情傳進后宮，皇太后知道後，便氣得找來張居正，直說要撤換皇帝。雖然事後明神宗仍穩坐皇帝寶座，但這個事件讓他相當恐懼，同時也意識到「張居正竟然具備撤換皇帝的資格」，

這讓他更是在心底埋下除掉張居正的想法。

張居正掌權期間，推動「一條鞭法」，有效簡化了明代複雜的稅制、增加朝政收入，並使徵收稅款的施行更加方便，之後再搭配他提出的各式經濟政策，終於使明朝的財政轉虧為盈。此時的明朝正欣欣向榮、準備重獲新生，但身為領導者的張居正卻在這個節骨眼上病倒了。這一病，張居正就再也沒有起來，儘管他明白明朝朝政在失去自己的情況下，很可能會被明神宗拖垮，將再次走下坡，但他已無力回天，只能帶著滿腹擔憂，撒手人寰。

張居正在世的時候，明神宗不敢動他，但在他死後沒多久，皇帝就開始翻舊帳，磨刀霍霍地準備清算他。從張居正的親信開始，無論是家屬、同僚還是子孫門生，全部都遭到明神宗的連坐法處置；而過去張居正推動的改革，得罪了不少既得利益者，當張居正倒台後，政敵與遭到剝削利益的權貴勢力便跳了出來，一舉推翻張居正的新政，更對張居正的親友落井下石。

萬曆朝的不少名臣良將都因張居正案遭受牽連，遭懲處的同時也對朝廷寒心，大批人才離開朝廷，而那些使明朝復甦的政策，也一律被撤換或取消，使明朝再次陷入黑暗深淵，被朝野中的權力鬥爭、貪污漩渦給拉扯得支離破碎。

第二章　馬上戰鬥我在行！

　　說起明朝的武將，有好幾位都在歷史上赫赫有名，不論是陪著明太祖朱元璋開疆闢土，一路斬荊劈棘建立起大明王朝，還是竭盡全力輔佐後代明朝皇帝，保衛邊疆、掃除倭寇，這些武將無疑都為發光發熱的大明王朝貢獻了一己之力。

　　然而，正所謂「功高震主」，這些跟隨、輔佐帝王四處征戰的武將功臣，自然會遭到皇帝的忌憚與猜忌，一經小人奸臣的慫恿與蠱惑，極少數能安享晚年、福延子孫。這些立下豐功偉業的將軍往往難逃淒涼落魄的結局。

三「不」讓你長命百歲：徐達

字號	字天德	諡號	武寧
生卒年	1332～1385	侍奉君主	太祖

　　說起明太祖朱元璋，除了在第一時間聯想到其開創大明王朝及「洪武之治」的盛世外，接著就會想起中國多位開國君王難以遏止的通病——殘殺開國功臣。

　　當朱元璋殺盡一票開國元勳後，回頭才愕然發現徐達

竟然還活著。徐達可是朱元璋麾下排名前六的大將軍，不僅在活著的時候封「公」，連死後也追封成「王」！由此可見，徐達在朱元璋的心中何其重要。

到底徐達有什麼樣的魅力，使朱元璋完全沒對他下毒手？不可不說的是，徐達非常了解朱元璋的心思，有三件事是絕對不能碰的——貪污、自傲、結黨。徐達之所以能在朱元璋手下活得好好的、安享晚年，死後還能得到追封，這與他在世時的謹慎小心、恪守本分有關。

徐達的家族世代務農，而他雖然出身農家，卻有著一顆熱切的愛國心，加上元末的政治腐敗，許多官吏欺凌百姓，壓得最底層的人民難以喘息，這使徐達興起加入各方豪傑崛起的念頭。當時朱元璋還在郭子興麾下，但徐達卻一眼相中朱元璋，覺得此人未來成就肯定不平凡，於是便到朱元璋面前毛遂自薦；還只是個小將領的朱元璋見到徐達表明心跡，自然是歡迎又感激，從此之後，徐達就留在朱元璋身邊，跟著他南征北討打天下。

在征戰天下的過程中，還有一段讓朱元璋始終不忍對徐達下手的情誼。某次郭子興成功擄獲同為起義軍將領的孫德崖，但孫德崖的軍隊也同時俘虜了朱元璋，徐達主動提出用自己換朱元璋回來，幸好最後兩人都倖免於難，這也使朱元璋對徐達既感激又動容。

朱元璋曾形容徐達「受命而出，成功而旋，不矜不伐，婦女無所愛，財寶無所取，中正無疵，昭明乎日

月」，這幾句話堪稱是句句擊中朱元璋最欣賞的特點啊！「受命而出、成功而旋」，說的就是徐達特別聽話，令他打仗就打仗，戰勝後就會乖乖交還兵權，乾脆俐落又不拖泥帶水；接著「不矜不伐」，指的是徐達從不自傲自己的功勳，也不會因自己是開國功臣而倨傲，反而低調行事；再來「婦女無所愛，財寶無所取」亦即他不愛任何女人、權勢或財寶，也不會結交朝廷官吏或培植自己的勢力；最後「中正無疵、昭明乎日月」指的就是他對自己清白坦蕩，完全沒有一絲一毫的隱瞞。

　　朱元璋成為皇帝後，徐達恪守君臣之禮，對他既敬畏又害怕，完全沒有攀比兄弟的意圖。朱元璋與他稱兄道弟，他拒絕接受；送他舊王邸，他也婉拒；連讓他躺在自己的床上休息，他都嚇得高喊死罪，這讓朱元璋相當滿意。徐達的「識相」讓他成功逃過朱元璋的魔爪，得以安享晚年，甚至榮譽蔭及子孫後代。

我是名將卻不得善終：藍玉

字號	無	諡號	無
生卒年	不詳～1393	侍奉君主	太祖

　　藍玉是朱元璋手下的猛將，作戰無數、勝績不少，可說是個驍勇善戰的將才。他先後轉戰四川、吐番、雲南、遼東，又曾降服北元悍將納哈出，戰無不勝的顯赫戰功讓

他獲封永昌侯。

然而，北元一直都是朱元璋的心頭刺，朱元璋在洪武二十一年（1388）拜藍玉為大將軍，統帥十五萬兵馬北伐北元古思帖木兒。藍玉領命率軍出擊，成功大破北元部隊，帶回大批金銀財寶、人力馬匹，至此北元勢力一蹶不振，難以再對明朝產生威脅。然而，藍玉原先將被封為梁國公，卻因其在攻破北元軍後，竟霸佔了被俘的北元皇妃，導致北元皇妃羞憤自殺，這件事傳進標榜「優待少數民族」政策的朱元璋耳中，自然相當不高興，因此便將梁國公改為「涼國公」，以示懲戒。

根據史書記載，有次藍玉在處理軍務時落馬受傷，朱元璋還特地親自寫信慰問，由此可知朱元璋一開始其實是相當看重藍玉的，但隨著大明王朝逐漸穩定之後，藍玉也開始驕傲自大了起來；再加上藍玉以開國大將軍之姿接連打了數場勝仗，認為自己功勞大過天的藍玉，逐漸接受朱元璋稱兄道弟的行徑，甚至將此視為理所當然，更認定自己可以為所欲為。

這時的藍玉像個山寨大王一樣囂張跋扈，動不動就打罵不合自己心意的官吏，同時還經常擅自升降將校，甚至違背朱元璋的詔令出師，許多大臣因此上奏彈劾藍玉，卻沒想到卻因此遭到藍玉的屈打、壓迫。

除了上述驕傲自滿的行徑觸犯朱元璋的大忌外，藍玉還露出貪財嘴臉，謀取暴利。他先派人到雲南私自販鹽，

抬高售價牟取暴利；打贏勝仗之後，還私吞大量的珍寶、駝馬。種種劣跡終於讓朱元璋對他忍無可忍。起初朱元璋還是不忍殺他，打算再給藍玉一次機會，沒想到，藍玉剛愎自用，不但不悔改，還進一步挑戰皇權君威，質問朱元璋：「為什麼我明明立下蓋世奇功，卻僅被封為太子太傅？」之後又屢次觸犯明朝律法，終於讓朱元璋堅定了對其痛下殺手的決心。

說到藍玉的死，實在是他自作孽所導致。朱元璋最初只是暗藏殺心，並未開始行動，結果藍玉竟在一次與太子朱標會面時，鬆口告訴朱標「燕王有天子氣」之事，這件事輾轉傳進燕王朱棣耳中，讓朱棣暗自盤算除掉藍玉這個會在暗地裡毀謗自己的人。於是，當朱標病死後，朱棣馬上入朝上奏，狀告部分公侯人士有縱恣不法、恐有尾大不掉之事發生，這讓朱元璋對藍玉更加猜忌。最後，當朱元璋決定冊立嫡長孫朱允炆為皇太孫後，也開始著手清除藍玉這些可能會給愛孫帶來麻煩的開國功臣。

沒多久，朱元璋手下的錦衣衛便查出藍玉私自窩藏萬把倭刀，因此向朱元璋告發藍玉有謀逆之心。朱元璋大喜，立刻下令處死藍玉，抄其家產、夷其三族，還將所有與藍玉來往的人全部抓起來處置，從上到下一共牽連了上萬人，史稱「藍玉案」。

倭寇的天敵：戚繼光

字號	字元敬； 號南塘、孟諸	諡號	武毅
生卒年	1528～1588	侍奉君主	世宗～神宗

　　戚繼光出生於軍戶世家，他的六世祖戚祥，是明太祖朱元璋的大將，曾跟隨朱元璋南征北討，只不過戚祥在洪武十五年（1382）的雲南戰爭中戰死。戚祥戰死後的一百四十多年間，後代一直在登州擔任武官，而戚繼光的父親戚景，為人正直又忠於朝廷，從小就把自己畢生武學交給戚繼光，同時也培養兒子的軍事信念與謀略。戚繼光從小就喜歡學習軍事相關的知識，也時常與玩伴玩軍事遊戲——以泥巴築牆、瓦礫成壘，然後再用竹枝、紙張做成旗幟，自己充當指揮，和其他的小孩們進行模擬戰爭。

　　在戚繼光 17 歲時喪父，之後他便襲任父職，成為登州的武官。五年後，他考中武舉，隔年又進京參加會試，此時正值蒙古俺答汗揮軍進逼京城，戚繼光被臨時派去守衛京城九門，有幸在明世宗面前討論禦敵辦法，這讓明世宗對他留下了不錯的印象；事件過後，戚繼光受到提拔，被派去負責剿滅山東沿海的倭寇。由於明朝的倭寇多以琉球為基地，是活躍在朝鮮半島、大陸沿岸的海上入侵者，那時東南沿海的倭患猖獗，因此皇帝相當看重戚繼光治理倭寇的成效。

　　戚繼光到任後，便火速整頓軍隊、訓練士卒，重新布署海防力量，並適時擊退倭寇，使倭寇膽寒，轉往其他地區侵擾。眼見他部署有成，一紙諭令又將他調至浙江、福建一帶抗倭。初入浙江帶兵時，戚繼光發現義烏一帶的百姓民風彪悍勇猛，便招募了三千農民和礦工，按照這些人的年齡和身材配發適合的兵器，再編成小組進行擊退倭寇的特訓，經過幾場抗倭戰役後，戚繼光這支軍隊在台州九戰九捷，殲滅許多倭寇，揚名天下。這第一批由戚繼光親手帶領的軍隊，又被稱為「戚家軍」。

　　戚家軍的不敗紀錄和戚繼光卓越的軍事指揮才能，使他聲勢如日中天，皇帝對他相當賞識，後來戚繼光更與首輔張居正配合，前往北方禦敵。除了持續練兵外，還重修破敗的長城，這也是現今所能見到的大部分長城。戚繼光與張居正的合作，也成功守衛了逐漸傾頹的大明江山。

　　可惜的是，隨著首輔張居正病逝，一直深受器重的戚繼光也隨之被明神宗厭棄，對他冷漠以待並諸多防備，平時總與戚繼光唱反調的政敵也開始落井下石，紛紛上疏彈劾他，希望能藉機罷免他，再加上明朝的文官其實一直輕視武官，且歷代朝廷都懼怕武將造反，到了明朝中後期這種風氣更甚，可說是朝廷上下都想盡各種

延伸閱讀

《孫子兵法與三十六計》
典藏閣出版
王晴天◎著

方法打壓戚繼光這個名將。在這種烏煙瘴氣的職場環境下，戚繼光便乾脆罷官告老還鄉。

　　戚繼光罷官之後，鮮少有朋友與其來往，晚年一貧如洗。最後，戚繼光在登州家中辭世，只留下連蔣中正都推崇備至，甚至譽為《孫子兵法》以後最好兵書的兵法鉅著給後人學習。

是叛賊還是忠臣：袁崇煥

字號	字元素；號自如	諡號	無
生卒年	1584～1630	侍奉君主	神宗～思宗

　　有些人從小就可以看出長大後會從事什麼樣的工作，袁崇煥就是這樣的一個人。他幼年就以為人慷慨、豪氣而受人樂道，對於未知事物總是充滿好奇心與膽識，時常與人談論軍事和未來的志向，若是遇到退伍的士卒，他也會前去請教邊疆的軍事情況。比起「坐而言」，他更喜歡「起而行」，他相當喜歡四處遊歷，可以說是一個很有主見的「背包客」。

　　袁崇煥在萬曆四十七年（1619）中進士，在官職上嶄露頭角，之後就開始奉獻他盡忠報國的心願。他做過最大膽的事情，就是在後金勢力崛起、力壓京城的時候，自己孤身一人騎著馬消失了好幾日，回來後，直接上書稱：「只要給我兵馬糧草，我一人足以守住山海關！」這等狂

妄與膽識，使朝野上下震驚、質疑，但一時間又沒有其他能人，明熹宗遂派袁崇煥前去鎮守山海關。

袁崇煥前往山海關任職後，提出許多計策和部署方案，甚至連同軍紀也重新調整，原本渙散的軍心一肅，袁崇煥也在之後幾次抵禦後金的戰事中建立戰功，獲得忠烈老將孫承宗的重視。當孫承宗遭魏忠賢參劾、放還原籍後，便由袁崇煥接手山海關的軍事守衛，幾次與後金大汗努爾哈赤對戰，都使對方無法越雷池一步。

首次立下碩大的戰功後，袁崇煥便選擇流勇退、罷官回鄉，因為他知道當時深受皇帝寵信的魏忠賢勢必針對自己發難，所以他也不願繼續回到朝廷與之糾纏。後來明思宗上位後，後金的勢力更加龐大、屢屢進犯北方邊疆，袁崇煥也在朝臣的建議下，重新回歸官場。

重返官場的袁崇煥不減當年的膽識與氣魄，向明思宗誇下海口，稱自己可以「五年復遼」，明思宗聽罷相當高興，就給了他兵馬，放手讓他去做。

袁崇煥沒想到的是，自己已經休息好一陣子了，現在北方邊疆的情勢與明朝兵馬的狀態早已不是他當年掌握的那個模樣了，所以當袁崇煥回到北方鎮守，他才發現自己在明思宗面前發下的豪情壯語根本不可能實現，讓他只能再想其他突破後金防守的進攻辦法。

正巧當時後金大汗努爾哈赤病死，袁崇煥便向繼位者皇太極提出「希望前往弔喪」的意願，實則打算前往後金

陣地打探敵情，而皇太極幾經思考後，覺得這正是一個離間袁崇煥及思宗的好機會，因此同意袁崇煥前來，並在言談間屢屢釋出議和的意願。這樣的會面，當然就被有心人放大利用，遂引起明思宗對袁崇煥的忠貞起疑心。

　　後來沒多久，袁崇煥又公布總兵官毛文龍的十二條大罪，直接用尚方寶劍殺掉他，但毛文龍並不是一個名不見經傳的路人，他深受明熹宗賞識，也同時擁有另一把尚方寶劍，且在崇禎朝也頗有人脈。袁崇煥不由分說地將其斬殺，不只觸怒明思宗，也引起朝臣們大肆攻訐。

　　而原本朝野間早有與後金議和的心意，袁崇煥既身為第一線的將領，自然必須擔當起明朝與後金交流的窗口。然而，這樣的書信往來一多，袁崇煥立刻就被政敵栽贓陷害，指稱其勾結後金、意欲謀反，多疑又剛愎自用的明思宗立刻命錦衣衛抓捕袁崇煥，剝去他的朝服、打入牢獄。

　　此時掌握朝政的閹黨勢力更是對袁崇煥極盡打壓之能事，希望能連帶削弱與之有關的東林黨勢力，因此大批奏摺都與彈劾袁崇煥相關，少數想為其申訴或申冤的奏章則全部被壓下，支持袁崇煥的朝臣也被閹黨人罷免廢黜。

　　最後，袁崇煥就這樣被以「通虜謀叛」、「擅主和議」、「專戮大帥」的罪名遭處凌遲之刑，慘死於北京甘石橋。當時不少北京百姓都相信了朝廷的公告，對袁崇煥恨之入骨，在行刑結束後，紛紛憤而生吞其肉，終至明朝末年，袁崇煥都被認為是通敵叛國的頭號亂臣賊子。直至

清朝乾隆時期，才由清高宗為其平反。然而，實際究竟袁崇煥有沒有通敵叛國？各個史家各說各話，眾說紛紜，並無定見。

硬生生打爛一手好牌：李自成

字號	無	謚號	無
生卒年	1606～1645	出沒時期	明崇禎～大順永昌

「吃他娘，穿他娘，開了大門迎闖王，闖王來時不納糧！」這是李自成身為闖王時帶兵的口號，既接地氣又能充分體察民意訴求，這讓李自成兵馬所到之處，百姓紛紛手舞足蹈地歡喜迎接他們。

李自成是明末民變領袖之一，雖然以「闖王」自稱，但他其實是第二代闖王，第一代闖王是他的舅父高迎祥，在高迎祥死後，李自成才繼承這個封號，繼續帶領農民軍伏擊搖搖欲墜的大明王朝，同時，也「解放」了不少深受明代官吏剝削壓榨所苦的城池與百姓。

李自成的崛起，可謂是典型的官逼民反。明朝末年，連年爆發各式天災，邊疆戰火連天不休，再加上明朝官府為了應付越發捉襟見肘的財政支出，只得加徵越來越重的賦稅，導致民不聊生，大批百姓三餐無以為繼，被迫吃樹皮、吃草根的百姓比比皆是。

然而，民間的慘況在部分官員眼中不值一提，他們還

是持續著「剝削大業」，死命地提高農民擔負的稅收，當農民無法繳納時，就直接派兵鎮壓、掠奪，導致勇於抗爭的義士如雨後春筍般冒出，團結一心地反抗明朝統治。

從底層百姓出身的李自成，自然也成為反抗明朝統治的義士。他本來是個負責傳遞明朝朝廷公文的驛卒，但屢次遭到上級長官的不公對待及刁難，之後憤而殺死當差官吏，毅然集結起義軍，反抗明朝統治。

李自成帶著自己集結起來的人馬，投靠當時聲勢浩大的舅父高迎祥。高迎祥十分高興，立刻把李自成收入部隊，還給了他一個頗高的領軍頭銜——闖將。而高迎祥在陸續集結各路人馬後，聲勢如日中天地逼近京師。而後，高迎祥在進攻山西時誤中埋伏，被陝西巡撫孫傳庭俘虜，送至北京處死，剩餘的殘黨就此投靠李自成，推舉他成為新的闖王，帶領大夥兒繼續起義。

這時候李自成的運勢來了，明朝的吏治腐敗使更多農民投入起義軍行列，而能夠抵禦這批起義軍的明朝良將寥寥無幾，再加上不少城池的軍民無法團結一心，往往朝廷命官有心抵抗起義軍侵略，底層百姓卻歡欣鼓舞地支持起義軍攻城，城池內部時常呈現一團混亂的局面。當李自成大軍駕到，多數城池都是望風而降，由百姓反抗城池統治者，直接敞開城門迎接李自成大軍。李自成就這樣順利地一路挺進北京，逼得明思宗自殺，明朝因此滅亡，自己稱帝並建立大順政權。

但這時候的李自成犯了一個致命錯誤。他過於見獵心喜，想著明思宗已死、大明已亡，就覺得自己勝券在握，他忘了遠處的山海關還有一個掌握明朝大軍的吳三桂，忘了山海關外還有虎視眈眈的後金勢力，忘了南明還有好幾個藩王勢力。

原本他有機會可以聯合吳三桂勢力，坐穩大順王朝開國皇帝的寶座，但是李自成在滅亡明朝後，過度驕傲自滿，惹惱吳三桂，等到他意識過來的時候，李自成已經錯失拉攏吳三桂的機會，因為吳三桂已經在「一片石戰役」中，確定自己無法擊敗李自成，因此果斷降於清軍多爾袞，不給李自成穩住陣腳的時間，直接敞開山海關，引清軍入關，一起聯兵攻入北京。

李自成率領軍隊成員，本身就是由農民組成，根本沒受過正統的軍事訓練，多數也沒有豐富的作戰經驗，他之所以能夠順利攻滅明朝，是因為明朝內部早已腐敗不堪，人民對她怨聲載道，而農民軍又在許諾不納稅的情況下，一路上受人民擁護，因此才得已攻入皇城、滅亡明朝。但是，駐守山海關的吳三桂軍隊和清軍八旗軍可不一樣，他們都是經過正統訓練的軍人，一經交戰，高下立判，大順王朝的建立有如曇花一現，在轉瞬間覆滅。

四川大屠夫：張獻忠

字號	字秉吾；號敬軒	諡號	無
生卒年	1606～1647	出沒時期	明崇禎～清順治

　　明朝末年天災人禍不斷，各地農民起義層出不窮，在所有的農民起義軍當中，就屬李自成和張獻忠最為著名，兩人聲勢齊名、名聲卻截然不同。同為農民起義軍，「闖王」李自成是差一步成就帝業的人，而張獻忠，就只有留下「屠夫」的稱號而已。

　　與李自成自稱「闖王」一樣，張獻忠也同樣給予自己一個「八大王」的名號；在李自成建立「大順」政權沒多久，張獻忠也建立了「大西」政權。兩人彷彿孿生雙胞胎，一個人做了什麼，另一個人就會跟著做。

　　張獻忠以武昌為據點，自稱大西王，並建立大西政權，他與李自成不同的是，他比李自成更加尊重文人、禮遇知識分子，懂得聽取文人的建言，然而，他在下達決策方面，卻又偏向自我獨斷。另外，他也懂得培植後起的支撐勢力，他培養出的孫可望、李定國、劉文秀、艾能奇四人，都是能夠獨當一面的大將，即使之後他兵敗被清軍所殺，四人仍堅持率領殘部與南明政權合作，持續騷擾、游擊清軍，獲得不錯的戰果。

　　張獻忠和李自成幾乎同時稱帝。張獻忠在四川成都稱帝，建國號「大西」，以成都為西京。據說張獻忠在占領

成都的過程中，手段極其殘忍。據《罪惟錄》記載，張獻忠不僅屠殺人民，甚至把人民處挖鼻、斷手之刑，最後還殘虐他們的心靈，拉著這些挖鼻、斷手的可憐百姓遊街。不只如此，張獻忠到了後期殺心益重，但凡不事先投誠的城池，在被攻破後都會直接下達屠城令。據史書記載，當初佔領成都的時候，張獻忠就曾下令除大西政權官員家屬以外，殺絕成都「城內居民」。

如前段所述，張獻忠除了一般的屠殺手段外，還自創了好幾種殺人法，用在不同人的身上，像是後期兵敗缺乏糧食，張獻忠就曾下令「殺死婦女，醃漬風乾後充當軍糧」。到了李自成兵敗、清軍進逼的時候，張獻忠連自己的家人也不放過，他親手殺死妻子與後代，然後對自己的部下孫可望說：「我也是一個英雄，不可能徒留幼子讓人俘虜！明朝是三百年的正統王朝，不會突然斷絕，這也是天意！我死之後，你迅速歸降明朝，不要當不義之人。」說完，便帶著剩下的兵馬和部隊，北上與清軍一決死戰。

以上種種的行徑促成了張獻忠與李自成截然不同的名聲，兩人刀下的人命不少，關鍵是張獻忠太過不尊重人民，又創新諸多虐殺手法，這使他只留下「屠夫」這二字的罵名給後世。

海賊王的兒子：鄭成功

字號	字明儼、大木	諡號	潮武王
生卒年	1624～1662	侍奉君主	崇禎～永曆帝

　　說起鄭成功，勢必得先提提他的父親——鄭芝龍。鄭芝龍是明末壟斷福建和東洋貿易的大海盜，後來被明朝招順為官，他也在南明政權被清軍掃蕩的動盪期間嶄露頭角。他在南明弘光朝覆滅後，順勢擁立隆武帝即位，雖沒隔多久就被滿清誘降，但鄭氏家族也因此抓準契機，躍然於史書上。

　　那時候的鄭芝龍就像筆者在先前章節陳述的「倭寇」一樣，特質都是「亦盜亦商」——當明朝官府開放海外貿易時，就是個正直的商人；當明朝官府實施海禁政策時，就是個四處打家劫舍的倭寇。後世對於鄭芝龍的評價也因此褒貶不一，當時不少官員和史書都評鄭芝龍為「賊寇分子」。

　　但也就是這樣一個賊寇分子，在明亡清興的動盪時代中掀起不一樣的波瀾。若明朝沒有招順鄭芝龍，鄭芝龍就不會擁立南明隆武帝，南明政權是否會更快覆滅？鄭氏家族是否只能延續「海盜」的傳統，就此湮沒於歷史洪流中？甚至，台灣的「荷西時代」是否會因此延長？台灣是否有機會接觸中華文化體系？這些都是值得讓人深思的問題。

　　無論如何，鄭氏家族跟隨鄭芝龍出手輔佐隆武帝後，鄭芝龍的長子鄭森因驍勇善戰、謀事果斷乾脆且多次抵禦清軍攻勢，深受隆武帝倚重，賜姓國姓「朱」、賜名「成功」，此後，鄭森又可稱為「鄭成功」或「朱成功」，也因此有了「國姓爺」的稱號。

　　沒想到，南明孱弱不堪的兵力難以抵擋清軍進逼的步伐，再加上清軍一而再、再而三地誘降，本來就「亦盜亦商」的鄭芝龍自然「人往利益走」，果斷投降。令人意外的是，鄭成功並沒有因此受到父親意志的影響，反而下定決心堅持反清復明。

　　鄭成功決意「反清復明」之後，便積極尋找可以作為據點的基地，就連面對父親鄭芝龍以親情為訴求招降，鄭成功仍以民族大義的理由回絕他，清廷因此再度下達海禁政策，希望藉此斷絕鄭成功軍隊的補給，同時也持續進逼鄭成功的根據地，迫使他只能退守廈門與金門。

　　即使龜縮在中國東南沿海，鄭成功仍不改其堅持，他先吸收未隨父親投降清朝的殘黨舊部，之後再利用沿海地區的稅款與東洋的商路貿易維持軍餉支出，並與當時發展遠東貿易的荷蘭商人進行交流。與荷蘭人的交流貿易，也讓鄭成功注意到這些「紅毛人」的貿易據點──台灣。

　　鄭成功身邊曾擔任荷蘭通事的謀士何斌，就向鄭成功提出「攻下台灣」的建議。鄭成功仔細估量後，發覺可行，便在永曆十五年（1661）自金門舉兵，途經澎湖向台

灣進軍，最後經鹿耳門水道登陸，與荷軍爆發海戰大勝，隨後以優勢兵力圍攻普羅民遮城，普羅民遮城守軍迫不得已，只得出降，鄭成功奪下台灣的第一個據點。

鄭成功攻下普羅民遮城後，轉向荷蘭在台的第二個據點——熱蘭遮城。由於熱蘭遮城守軍頑強抵抗，導致鄭軍損失慘重，鄭成功因此對熱蘭遮城改採「長期包圍」策略。為了解決長期包圍政策下可能引發的兵餉不足的窘境，鄭成功下令屯墾台灣，一方面能解決糧食問題，另一方面又能穩定暫時性的據點，同時還可以持續逼迫荷蘭人投降。

隔年，荷蘭東印度公司收到熱蘭遮城求助的信件，派遣援軍駕駛軍艦支援，但仍是不敵鄭成功的部署，被鄭成功擊退，長期困守熱蘭遮城的守軍終於在永曆十五年底（1662）出降，在大員評議會上簽署投降合約。

順利佔領台灣的鄭成功，很快就把明朝的政治體系搬來台灣，先建都「東都」，後又設立各府、縣管轄台灣，還實施數條專門發展民生與軍事的策略，正式在台灣西部落地生根。可惜的是，距離荷蘭領軍官員揆一投降不到半年的時間，鄭成功便因病逝世，一代延平郡王就此殞落。

第三章　文壇巨擘就是我！

一個朝代之中，除了文武百官會影響歷史走向外，還有許多未能在官場嶄露頭角的文人，也會對民間文化造成巨大影響。

正巧，明朝正是一個特別的年代，她在藝術文化層面大放異彩，無論是戲劇、書法、繪畫，還是建築工程，都有蓬勃的發展；甚至，著名的「四大奇書」都出現在這個朝代，更為她的文學性增添了不少豐富度。

延伸閱讀

《古典小說好好讀》
典藏閣出版
鄧鵬飛◎著

梁山好漢盡出我口：施子安

字號	字肇瑞	齋號	耐庵
生卒年	1296～1372	出沒時期	元元貞～明洪武

施耐庵是元末明初著名的小說家，對於他的生平事蹟有很多爭議，也有很多不可考，但可以確定的是，施耐庵的父親很重視他的教育，而施耐庵也曾有過為官之心，他

在元延祐元年（1314）中秀才，接著在泰定元年（1324）中舉人，到至順二年（1331）的時候，與日後明朝開國功臣劉基同時登科進士，至此兩人成為至交好友。

中進士之後，元廷分派錢塘縣尹之職給施耐庵擔任。施耐庵走馬上任後，卻處處受元人掣肘，他默默忍受了兩年，在一次不經意觸怒元人後，終於怒而罷官回鄉，也是在這個時候，他收了一個商人的兒子為門生，這個弟子就是後來同為四大奇書作者之一的羅貫中。

施耐庵從小就聰明好學，所以當他為官入仕後發現事實與自己的理想相悖之時，他便將所有在官場上面臨的鬱悶與對天下現況的不滿一一寫進《水滸傳》之中。

《水滸傳》是歷代的雜聞軼事及作者所見所聞經歷的集合體。施耐庵以《宣和遺事》為藍本，增入記於其他文學、街坊流傳的素材，並添加更多情節互動與對話，使這些故事更為完整。《水滸傳》全書主要是描寫北宋末年大盜宋江等108位好漢，先在梁山聚義、後又接受招安的故事，是中國第一部白話章回小說。

延伸閱讀

《通俗本水滸傳》
典藏閣出版
施耐庵◎著

其中，施耐庵的徒弟羅貫中也是幫手，他時常四處遊歷，遊歷歸來後，就會把所見所聞告訴老師施耐庵，同時也協助他整理典籍和順稿，而《水滸傳》的結局，據說也

是在兩人的閒談間乍然而生。

　　當時施耐庵還在苦思結局該如何撰寫，因為他認為不管最後是誰當了皇帝，老百姓都會低頭臣服，歷史也會再次重新循環，使一切都了無新意。結果講著講著，施耐庵靈光乍現，說道：「對了，但我要讓宋江他們一個個被貪官污吏們害死，讓天下人都痛恨那些貪官污吏！」於是，《水滸傳》的結局就這樣定下了。

　　雖然《水滸傳》全書幾乎都充斥著暴力、造反的情節，但其作為章節小說，情節卻是如此貼近民間，果然很快就在民間造成轟動，沒過多久，事情就傳到了明朝開國皇帝朱元璋耳中。這可不得了，剛上位沒多久的朱元璋一聽，勃然大怒：「此倡亂之書也，是人胸中定有逆謀，不除之必貽大患。」

　　接著，朱元璋立即發布密令，要求當地官吏逮捕施耐庵，將其關入大牢。原本暫離施耐庵前往他處弔喪的弟子羅貫中，連忙請出施耐庵的好友、同時也是明朝開國功臣的劉基營救老師，但朱元璋還是拒絕立即放人。

　　一年多後，朱元璋確認施耐庵確實沒有結黨營私，這才釋放他。但是這時候，施耐庵的身體已經每況愈下，即使有羅貫中的幫助、陪伴，仍是在最後返家的途中病逝，客死他鄉。

我的三國是假三國：羅本

字號	字彥直，又字貫中	稱號	湖海散人
生卒年	1320～1400	出沒時期	元延祐～明洪武

羅貫中有個商人父親，但他從小就對經商不感興趣，最後經父親同意，他便跟隨當時知名學者趙寶豐學習。之後又曾在元末起義軍張士誠的邀請下，成為其謀士，也在此時，羅貫中初識未來的老師施耐庵。

在元朝的欺凌逼迫之下，許多有志之士早已蠢蠢欲動，羅貫中也不例外。羅貫中抱著「有志圖王」的決心，成為張士誠的座上賓，希望能輔佐張士誠稱王，他也在次年獻計，讓張士誠擊退朱元璋部下的進攻。然而，張士誠顯然不是一個好領導者，他既剛愎自用又寵信佞臣，羅貫中與施耐庵兩人同感無力和失望，因此先後求去返鄉。

羅貫中返鄉路上再次遇見他所欣賞的施耐庵，並得知他正在撰寫一本隱含「勸世」理念的巨作《水滸傳》，羅貫中大喜，拜其為師。此後，羅貫中便一直隨侍在施耐庵身邊。

在施耐庵隱居寫書、辦學教授學子的期間，羅貫中時常前來與老師交流，同時也會分享自己在旅遊途中的見聞，偕同老師撰寫《水滸傳》。羅貫中每每閱讀老師的寫稿，往往大聲讚賞、激動不已，而施耐庵也不全以自己所思所想為素材，他也會摻入羅貫中的意見和靈感。因此，

可以不諱言地說，《水滸傳》是他們師徒兩人一起完成的，甚至據說連結局都是他們倆在閒聊、交流間決定的。

在協助施耐庵撰寫《水滸傳》的過程中，羅貫中認知到，要完成一本章回小說，不只需要廣泛蒐集素材，還必須攻克更艱深的文學素養。只有知識夠博大精深、所見所聞夠廣泛，才能寫出一個各方均衡、合理又觸動人心，甚至能說服讀者的小說故事。

隨著施耐庵的離世，羅貫中協助老師將《水滸傳》改編得更加完整，並帶著完成品的書稿四處找人刊印，希望老師的巨作得以流傳後世；同時，羅貫中也開始提筆撰寫《三國演義》。

與老師的《水滸傳》不同，《三國演義》講的是東漢末年的歷史故事，是羅貫中根據正史《三國志》，並夾雜部分文學軼事和自己的才學見解編寫而成。由於《三國演義》的定位是章回小說，羅貫中又是以自己個人思想為創作核心，所以在描寫三國時期各個割據勢力的消長時，以「擁蜀反魏」、「尊劉貶曹」為中心思想，因為，在羅貫中心中，他認為蜀漢才是正統。

延伸閱讀

《通俗本三國演義》
典藏閣出版
羅貫中◎著

正如後世對羅貫中的評價：「羅貫中是偉大的小說家、戲曲家，但不是歷史學家。」《三國演義》事實上並

非真正的歷史，但羅貫中將史料打磨增添趣味情節後，虛實交雜，確實成為民間流傳最廣、影響最大的章回小說，甚至有不少人將《三國演義》視為正史閱讀。

延伸閱讀

《赤壁》
典藏閣出版
王擎天◎著

　　然而，正史及小說還是有根深蒂固的不同。因為是小說，所以《三國演義》中的人物才會如此栩栩如生、有情有義、料事如神。《三國演義》中對戰爭的描寫也毫不馬虎，無論是曹操擊敗袁紹統一北方的官渡之戰，還是孫劉聯軍抵禦曹操南下的赤壁之戰，都詳細描述其計策謀略及對戰過程，細節刻劃入微。整部《三國演義》儼然成為一本兵學策略之書，其中提供了不少古代戰爭的經驗及各式軍事科學知識。

　　羅貫中寫成《三國演義》後，又著手寫了不少小說，最後病逝於杭州。

我可沒有秋香可點：唐寅

字號	字伯虎、子畏	稱號	六如居士、桃花庵主、逃禪仙吏
生卒年	1470～1524	侍奉君主	憲宗～世宗

　　唐寅出生於世商之家，父親是唐廣德，以經營唐記酒

店維生，為一小康之家。唐寅自幼聰慧過人，棋琴書畫樣樣精通，既飽讀四書五經又博覽史籍，甚至早在 16 歲那年就一舉考中秀才，震驚了整個蘇州城，開始有人稱他為「才子」。

雖然年紀輕輕就考中秀才，但是唐寅對求取功名一事並不熱衷。但是接下來唐寅家中發生的遭遇，就好像他當年「考中秀才」就把家運全用完了一樣，再也沒有一件好事發生。

唐寅 20 歲那年，家道中落，父母、妻子、妹妹相繼去世，唐家一直籠罩在死亡的陰影下，一直到頹喪的唐寅經好友祝允明的勸導後，他才決定重拾書本，準備應考。唐寅確實天資過人，在 28 歲時拿下鄉試第一，即「解元」，隔年便準備進京參加會式。

本來唐寅自認搶下「狀元」稱號是十拿九穩的，沒想到迎接他的卻是一場牢獄之災。

當時的主考官程敏政十分欣賞唐寅，但是脫口而出的讚賞，卻成了牽連唐寅災禍的厄運。程敏政的政敵趁機指控考題外洩，上奏請皇帝徹查，並指稱與唐寅一起入試的好友徐經賄賂程敏政的家童，試圖偷出試題。唐寅、徐經兩人就這樣被捕入獄，幾番審查下來，既沒查出結果，也沒查出其他重要情事，於是就為兩人平反，隨意給個小官職打發他們。

見過連番幾次烏煙瘴氣的官場黑暗面後，唐寅再也不

屑為官，果斷辭官返鄉，流連於山水美景之中，最後決定拜畫家周臣為師，未來將以詩、詞、文、畫作為一生的研究和專研目標。

回家後，妻子苦等不到唐寅飛黃騰達，氣得離開唐寅，後來的紅顏知己也英年早逝，唐寅的仕途和情場可說皆不如意，與戲劇《唐伯虎點秋香》截然不同。

後來的唐寅遍遊名山大川，以作詩文書畫度過餘生，他的作品以山水畫、人物畫聞名於世。明末以來，多將唐寅分到「吳派」，並與沈周、文徵明、仇英等畫家並稱為「吳門四家」，或稱「明四大家」，同時唐寅也創作了許多幅春宮圖，所以後世才為他多添加了「風流才子」的名號。

而他的詩賦同樣留下許多名作，早期唐寅的作品講求工整，頗有清高的文風；在直面官場失意和職場黑暗後，唐寅的詩詞更加直白且貼近人心，雖然不再工整妍麗，但卻多了真摯的情感流露，別有一番風味。

正德九年（1514），唐寅被寧王朱宸濠邀請為座上賓，偶然間發現寧王竟意圖謀反，害怕因此遭到滅口或牽連的唐寅被迫以飲酒狎妓、裝瘋裸奔來偽裝自己，終於得以脫離寧王集團的控制，安然返回家鄉。

值得一提的是，《唐伯虎點秋香》這個戲劇多是取自唐寅擔任寧王幕僚的時間段，再加上一些穿鑿附會的說法而成。由此可見，晚年的唐寅其實過得並不順遂，甚至可

說是潦倒窮困，不僅終日酗酒，死時還需倚靠好友祝允明執禮後事。

陽明山之名由此而來：王守仁

字號	字伯安；號陽明子	諡號	文成
生卒年	1472～1529	侍奉君主	憲宗～世宗

　　由於王守仁自號「陽明子」，因此世人多稱他為「王陽明」，將他創立的學派稱為「陽明學」或「心學」。他是明代著名的思想家、哲學家、書法家、軍事家和教育家，王守仁與孔子、孟子、朱熹並稱為「孔孟朱王」。

　　王守仁出生於書香世家，據傳是大書法家王羲之的後代，而遠祖則是晉代權臣王導。其父王華也是個曾中過狀元的人才，為官清正不阿，頗受明孝宗器重，王守仁就在這樣的背景下出生。

　　王守仁就學的時候是個讓老師相當頭痛的學生，在讀書時常常分心，只在意自己喜歡的事物，動不動就舞槍弄棍，還時不時問老師一些稀奇古怪的問題。在王守仁寫下一些被認為荒唐的打油詩之後，父親王華發現癥結點，他開始帶著王守仁四處遊歷，增廣見聞，讓王守仁可以親自辯證自己內心所想的疑問，而後這種學習的方式又被稱為「辯證法」。原來，王守仁不是好動又注意力分散的壞學生，他只是好奇於過去典籍中提到的知識，希望能用自己

的方式求知，那年，他才 12 歲。

隨著王華前往關外遊歷，王守仁第一次見識到了遼闊的草原與大漠風情，更體驗到以日月為被、以草原為床的生活，激發了王守仁的忠勇報國情懷。某天，15 歲的王守仁，突然和父親王華說：「我已經寫好了給皇上的上書，只要給我幾萬人馬，我願出關為國靖難，討平韃靼！」這是何等的狂言妄語，若是他再年長幾歲，或許大家勢必會稱讚他為有膽識者，但此時的王守仁不過就是個未成年的毛頭小子，想當然耳，立刻被父親斥責。

事實證明，王守仁的確有這個本事誇下海口，在他後來入朝為官的職涯中，王守仁帶兵迅速平定了宸濠之亂。

宸濠之亂是在明武宗時期，由寧王朱宸濠在南昌發動的叛亂，過去寧王的先祖曾得朱棣「發動靖難之變分天下」的承諾，卻沒想到這個承諾不僅沒兌現，自己還遭到削弱實力和打壓，因此當這一代的寧王朱宸濠聽聞明武宗無子嗣，又時常做出強搶民女等荒唐之事，再加上朱宸濠聽信道士強調自己的根據地南昌是個風水寶地，而且自己還有「天命」，於是心一橫，果斷起兵叛亂。

雙方對峙的過程中，王守仁使出各種計策，甚至發動詐敗之計誘使朱宸濠疏於防備，令朱宸濠誤中埋伏，進而一舉平定叛亂。此役過後，王守仁被封為「新建伯」，並有「大明軍神」之稱。

少年王守仁的豪情壯志還不僅如此，他除了發出「討

平蠻輅」的心願外，還決定將來要當個「聖賢」之人。所謂的「聖賢」有個特質——連皇帝都得朝拜他，並且受到千秋萬世的人們景仰——這讓王華氣得跳腳，覺得兒子實在太過狂妄。

同樣由事實證明，王守仁許下「希望能成為聖賢」之願也確實做到了，他不單是中國極受後世推崇的大文學家，甚至他還影響了日本、朝鮮等地的文學發展。

過去從元代至明初以來，主要流行的儒家學派是朱熹一派的「程朱理學」，強調格物以窮理的原則；由王守仁另闢的一條分支——「陽明心學」則是相反，強調的是「心即是理」，直接承襲了南宋陸九淵的理念，他認為最高的道理不需外求，從自己的心中即可得到，因此稱為「心學」。

孫悟空真正的老爸：吳承恩

字號	字汝忠	稱號	射陽山人（居士）
生卒年	1506～1582	出沒時間	正德～萬曆

吳承恩有個頗有文采的儒學文人父親——吳銳，但為了生活，吳銳入贅徐家，放棄儒禮，改繼承岳父家的產業，成為一名商人，但既有的儒學天賦就這樣遺傳給兒子吳承恩。

吳承恩從小就喜歡閱讀稗官野史與志怪小說，同時他

也喜歡把自己的所見所聞畫出來，為了精益求精，他時常收藏名家的書畫法帖，日漸精細自己的繪畫功力；此外，吳承恩也相當擅長書法、填詞填曲。由此可見吳承恩對文學的熱愛及博學程度，令人為之驚豔與讚許。

吳承恩對文學的造詣和熱情，很快地就在民間傳開，不少人認為他若去考科舉，肯定能輕而易舉地上榜。當時的淮安知府葛木也發現了這塊璞玉，認為吳承恩未來大有可為，便收他入自己創辦的龍溪書院讀書，給他一個更上層樓的機會。

然而，吳承恩的考試運勢不佳，連年落榜，年過半百才補得一個歲貢生的保送名額，之後前往北京參與分配官職時又沒中選，直到數年後才經過大臣的幫忙，擔任浙江長興的縣丞，不久後又因誣告而罷官回鄉。吳承恩在為官之路上的表現遠不如他在文學界的貢獻來的亮眼。

對於《西遊記》的真實作者究竟是誰，歷史上仍有許多爭執，但不可否認的是，天啟年間的《淮安府志‧藝文志‧淮賢文目》中曾列出吳承恩的著述記載，其中就有《西遊記》。此外，清末民初的學者胡適、魯迅也曾通過考證，得出「吳承恩為《西遊記》作者」的結論。因此，筆者就根據上述例證，將吳承恩視為《西遊

延伸閱讀

西遊記

199 吳承恩

《通俗本西遊記》
典藏閣出版
吳承恩◎著

記》的作者。

　　《西遊記》是中國第一部浪漫主義章回體長篇小說，題材以神魔、玄奘西天取經的故事作為核心，是神魔小說的經典之作。作者運用了浪漫主義的手法，栩栩如生地描繪出每個人物的性格，在小說中構築一個色彩繽紛的幻想世界，透過一段又一段的故事，書寫主角一行人的人生歷練，並適時加入一些妙趣橫生的警世對話。

　　《西遊記》中最為成功的人物形象，肯定是孫悟空這個超凡入聖的理想英雄。他從一開始頑劣、難以管教的形象，通過各式歷練、情誼等人生的領悟，轉變成一個沉著穩重的神祇。吳承恩用心動情、仔細刻劃人物性格與一生，若說他是孫悟空的親生父親，一點都不為過。

第四章　閹人也能起波瀾！

　　近年來的古代宮廷劇火紅半邊天，除了皇帝、文臣武將、嬪妃外，劇中最不可忽視的就是那些時常陪伴在皇帝、嬪妃身邊的公公們。這些隨侍在皇帝左右的太監們，無疑是世界上最親近皇帝的人，他們只要時不時和皇帝打打小報告，往往就能構陷一些與自己立場不同的大臣，造成宦官亂政的局面。

　　宦官亂政的局面在明朝屢見不鮮，主要還是與開國皇帝朱元璋廢除宰相制度有關。由於明朝初期的皇帝大多年長即位，且相對明朝中後期的皇帝來說，較為賢明，因此對於宦官太監的蠱惑有一定的免疫能力，操辦政事也多能親力親為，批改奏摺不假他人之手。到了明朝中後期，開始出現幼主即位的現象，且即位的皇帝大多較為好逸惡勞，使宦官能藉機把持朝政。

抱歉，我不吃豬肉：鄭和

小名	三寶（保）	稱號	三寶太監
生卒年	1371～1433	侍奉君主	成祖～宣宗

在歷史中一說起宦官、閹人，大多數第一時間想到的形象就是奸佞小人、危害國家的毒瘤，但，鄭和，卻是個不一樣的存在。他最大的成就是出海下南洋宣揚大明王朝的國威，同時蒐羅許多奇珍異寶，並拉來不少番邦朝貢，對中國文化的宣揚與發展有著不可忽視的貢獻。

鄭和原姓「馬」，原名為馬和，其家庭篤信伊斯蘭教，居於雲南昆陽。鄭和幼年時期正巧碰上明朝軍隊進攻雲南，父親被殺，鄭和也被明軍擄回京師，最後被閹割成為太監，入宮後被發配給燕王朱棣，隨後更是跟隨燕王朱棣前往燕京就藩，這也開啟了他不平凡的一生。

由於鄭和在靖難之變中曾為燕王朱棣立下戰功，戰後朱棣繼位成為明成祖，分封功臣時也沒有忘記鄭和這個小太監，不僅將他升任為內官監太監，還賜姓「鄭」，這也是「馬和」改名為「鄭和」的經過。

由於鄭和有勇有謀，且知兵習戰，因此越發受到朱棣信任，朱棣便命鄭和領兵出海宣揚國威、安定海外番邦，並探詢惠帝的下落。明初正是明朝最為鼎盛的時

▲徐葆光《中山傳信錄》中的〈封舟圖〉，為一艘明代福船（中國古帆船）。（取自維基共享資源）

期，鄭和義無反顧地率領近兩百艘的船隻、數萬的兵將人力，花了足足 28 年，足跡踏遍三十多個西太平洋和印度洋沿岸的國家和地區，終於將大明王朝的國威宣達至南洋諸國間，深深震懾了這些「番邦」，加速中國的世界化。

鄭和下西洋不僅展現了當時明朝國力的強盛，還為明朝帶來豐富的番邦朝貢貿易，其航行的範圍與時間甚至遠遠領先西方的哥倫布、麥哲倫等航海家，堪稱是「大航海時代」的先驅，也是唯一的東方航海家。此外，鄭和也是當時為數不多，完成人生在世最大心願——前往麥加朝聖——的穆斯林。

鄭和前前後後總共率領船隊出海 7 次，一路拓展、延伸航行的海道路徑，每一次都比前一次走得更遠、到過更多國家。不過早在鄭和完成第六次航海旅程後，他的偉大航行之路便即將邁向終結。當時正值明成祖朱棣去世，戶部尚書夏原吉向繼位的明仁宗朱高熾建言，強調「下西洋的航行花費甚鉅且收效不大」，明仁宗因此下令停止下西洋活動，這也使鄭和遲遲等不到第七次出海旨令，這時候的鄭和還沒抵達麥加，尚未完成他身為伊斯蘭教徒的心願。

也許是阿拉聽到鄭和的心聲，明仁宗僅短短在位一年就猝逝，之後由明宣宗朱瞻基繼位，他讓鄭和完成他最後一次的下西洋之旅，鄭和也成功踏上阿拉伯半島，前往麥加完成朝聖儀式。

完成朝聖後的鄭和心滿意足地踏上返國旅程，回程途中，鄭和在印度西南端的古里城（今印度喀拉拉邦科澤科德）去世，部下依照伊斯蘭教的儀式，將其海葬，只帶回衣冠，葬於南京。

我促成了土木堡之變：王振

字號	無	諡號	旌忠
生卒年	不詳～1449	侍奉君主	宣宗～英宗

王振早年略通經書，但因試運不佳，屢次落榜，因而自閹入宮，成為負責在內書堂教授小太監讀書識字的宦官。由於王振有個「讀書人」的背景，因此他既不像一般太監那樣見識淺薄，也不像一般教師那樣喜歡迴避問題，他說話風趣，又能說出一些宮內不曾出現過的新奇事物，在內書堂中相當受到歡迎。

王振發現自己的優勢之後，便開始尋找宮中能讓自己依靠的靠山，最後終於找到了當時還是太子的朱祁鎮，也就是後來的明英宗。王振開始計畫性地親近朱祁鎮，很快就靠著自己談天說地的本事，讓朱祁鎮對自己越來越信服，甚至尊稱自己為「先生」。此後，王振便從宦官群中脫穎而出，成為太子身邊最受賞識的宦官。

年幼的朱祁鎮在父親宣宗去世後即位，成為明英宗，沒過多久就任命王振入掌宦官的最高機構——司禮監。王

振透過司禮監的職權，開始大包大攬地代批奏摺、傳達諭詔。在張太皇太后去世之後，王振更是顯露出他的狼子野心，利用特務機構錦衣衛打探老臣「三楊」的把柄，之後便捏住他們的軟肋，把他們逐個擊破，在朝中掀起一陣整肅異己的腥風血雨。

王振在朝中作威作福了幾年後，北方蒙古瓦剌部族不甘安於現狀，以「刁難貢使、撕毀婚約及隨意剋扣歲賜」為由，舉兵南侵。久未發生戰事的明朝邊境守軍早已日漸懈怠，難以抵擋驍勇異常的瓦剌軍隊，接連吃了數場敗仗。此時，王振開始慫恿明英宗親征瓦剌，希望能藉著這個機會繼續擴張自己的權力與話語權。

最後，明英宗率領匆促集結成的五十萬大軍御駕親征，當行軍到半途時，前線明軍早已節節敗退，敗績戰報如雪花片般飛來，王振卻都按下不表。直到大軍開至大同，王振才接獲鎮守太監郭敬的密報，決定班師返程。

回程抵達土木堡時，王振又以「輜重車未到」為由，下令就地宿於土木堡。瓦剌軍追至後，包圍土木堡，明軍進退不得，瓦剌軍的數次進擊也被明軍擊退，雙方僵持不下。最終，瓦剌首領也先遣使詐和，並後退數里，當王振下令移營後，瓦剌軍出其不意地折返，圍殺走出土木堡的明軍，明軍登時大亂，絕大多數的隨行文武官員戰死，明英宗也遭俘虜，罪魁禍首王振，則遭護衛將軍樊忠殺死。

由王振一手造成的土木堡之變，差點使明朝毀於一

旦，幸而後來經于謙有效抵禦來襲京師的瓦刺軍，才使明朝免於滅亡的威脅。

我與海盜同名：汪直

字號	無	諡號	無
生卒年	不詳	侍奉君主	憲宗

汪直與鄭和一樣，入宮前的身分都是明朝出征地方所擄回的俘虜。明憲宗時期，發兵鎮壓大藤峽之亂，擄獲了不少瑤族幼童，由於汪直長得聰明伶俐，就被閹割入宮，成為當時明憲宗寵愛的萬貴妃身旁的小內侍。由於明憲宗特別寵愛萬貴妃，幾乎天天都會到昭德宮走走，也就因此發現這個機警好動的小太監。

那時候的汪直年輕氣盛、喜歡熱鬧，又懂得討好萬貴妃與明憲宗的方法，因此十分受寵。

後來，有位名為李子龍的道士藉著自己遠近馳名的「方術」而登上萬歲山，從遠處觀察皇城內宮時，被錦衣衛發現，李子龍因此被誤認為有弒君意圖，當場遭到斬殺。明憲宗聽聞此事後，開始疑神疑鬼，覺得東廠辦事不力，漸漸覺得東廠不可信任，尋思應建立一個專屬於自己的勢力，開始萌發「創建西廠」的念頭。

明憲宗先是指派時常隨侍在側的汪直悄悄地出宮打探消息。接獲任務的汪直扮演這種刺探消息的角色可說是頗

具天分和條件優勢，因為他的相貌、外表，甚至是行為舉止都太普通了，普通到沒有太多人會注意到他，再加上他其實是個無足輕重的小角色，除了皇帝、貴妃和貴妃宮中的人，其他人都不認識汪直。

汪直也沒有辜負明憲宗的託付，他全力打探消息，上自朝中大臣，下至黎民百姓，都逃不過他的搜索範圍，他還詳細彙整所有打探的內容，就連一些雞毛蒜皮的小事都一併記錄下來，鉅細靡遺地匯報給明憲宗。

此後，明憲宗對汪直的本事與忠心相當賞識，索性單獨設置了一個專門刺探情報的機構──西廠──讓汪直掌管，而汪直也成為了皇帝的心腹，權傾天下。

西廠在明憲宗的依賴、看重之下，地位漸漸超越東廠，人數也比東廠多出一倍有餘。在汪直的職掌下，西廠屢次興起大獄來立威立功，除掉與自己作對的政敵，引來不少佞臣巴結討好。

西廠太過肆意地抓捕與破壞朝綱，也使朝廷的運作難以支撐，很快汪直就受到了文官群臣的集體攻訐，內閣首輔商輅聯合眾臣上疏彈劾汪直，明憲宗也因此被迫下旨暫停了汪直在西廠的職權，讓他回御馬監當差。

但實際上，明憲宗只是表面停止了汪直的行動，背後卻仍指派汪直繼續行事，只是更為低調謹慎；沒過多久，明憲宗又讓汪直回西廠復工，此時的汪直甚至比部分后宮嬪妃還要受寵。重新回歸權位的汪直更為囂張跋扈，更加

致力於剷除異己,當初上疏彈劾他的大臣,所有的小辮子都被緊緊揪住不放,讓他們焦頭爛額。

汪直的野心不只如此,他還想著要建立軍事功績,他的欲望和野心正好遇到了北方女真來犯,汪直成功說服明憲宗讓自己監軍,成為明朝開國以來,罕有能觸碰到軍事戰役的宦官。他也確實在這次的戰役中展現了軍事才華,在與女真的交戰中攻其不備,獻出諸多良策,最後成功打敗女真大軍,使得明憲宗更加親信於他。

直到後來,因汪直久鎮遼東,再加上其常自恃功臣行事越發肆無忌憚,使民間傳出「只知有汪太監,不知有天子」的民謠,這才引起了明憲宗的不滿與提防,最終汪直失去皇帝的寵信,被東廠人士彈劾,遠貶南京,至此退出歷史舞台。

最會玩養成遊戲的宦官:劉瑾

字號	無	諡號	無
生卒年	1451~1510	侍奉君主	憲宗~武宗

劉瑾本姓談,在被鎮守遼東的太監劉順收養後,想靠關係進宮才改姓劉。與其他人不同的是,劉瑾是胸懷大志才決定自閹入宮的。年輕時劉瑾常隨侍劉順身邊,聽著這些老宦官讚揚明朝前期那些權傾朝野的宦官成就,像是明英宗身旁的宦官王振,沒多久,他就主動淨身成為太監,

希望自己有一天也能如前輩一般權傾天下。

劉瑾的運氣也是相當好，入宮沒多久，他就被調往東宮服侍太子朱厚照，劉瑾深知「今日太子、明日天子」的道理，而那時候的太子朱厚照才十幾歲，因此只要取得年幼太子的信任，未來想要權傾朝野並非難事，所以劉瑾在服侍太子起居的事務上隔外賣力，不僅處處討好太子，還懂得利用演戲、說故事、鬥雞等鄉野間的玩物陪太子玩耍。這樣的陪伴，自然成為太子朱厚照在冷漠的東宮中最溫馨的回憶。

沒多久，劉瑾就等來他的機會。明孝宗執政18年後驟逝，正值貪玩時期的太子朱厚照登基，成為明武宗。明武宗對於皇位根本沒有興趣，於是至高無上的權力就落到了那時隨侍在旁的八位太監身上。由劉瑾領頭，包含馬永成、高鳳、羅祥、魏彬、丘聚、谷大用、張永等八人，這八位宦官隻手遮天、作威作福，又被後世稱為「八虎」。

想要牢牢把握皇權，就必須確保皇帝長時間無意於把持朝政，於是劉瑾就不斷鼓吹明武宗嘗試各種新奇的娛樂，甚至直接在宮中興建諸多娛樂場所，像是豹房、戲院、樂工坊等，果然成功讓明武宗沉迷於聲色中，流連忘返。劉瑾見這一招有效，更變本加厲地鼓吹明武宗玩物喪志、荒淫無道，之後他更趁著皇帝享樂的時候，呈上奏摺請明武宗處理，正在興頭上的明武宗自然隨口答道：「這種小事你們自己處理就好！」

　　這可不得了！簡直就是宣告「將皇權下放給劉瑾」，劉瑾心中樂開了花，他開始代替皇帝批閱奏摺，藉機把一些反對他、對他有異議的人全部剷除，同時還把紫禁城內的軍事統領權力都抓在手上。上朝的時候百官除了跪拜皇帝明武宗以外，也要對劉瑾行禮，凡是見到他的人都得尊稱他一聲「劉公公」，而不得直呼其名。

　　而劉瑾的獨大專權之路也非一帆風順，正當他大殺四方、統領朝政大權的時候，不少大臣再也受不了劉瑾的橫行霸道，準備請出遺詔和顧命大臣聲討他。沒想到劉瑾也不是個省油的燈，他收到消息後，第一時間就帶著其餘七位「八虎」宦官奔到豹房找明武宗，撲通一聲就跪在皇帝面前哭訴自己遭到誣陷與栽贓，聲淚俱下的幾句話就讓明武宗排除疑慮，成為宦官們最大的靠山，可以說劉瑾針對皇帝的從小養成計畫實在太成功了。

　　重新掌權後的劉瑾更加瘋狂，將東廠、西廠全收入手下，並利用廠衛蒐集大臣們的秘密，之後再隨便安上罪名進行殘酷的懲處。

　　到了後期，劉瑾的胃口越來越大，他不僅想要權力，還想要花不完的金銀珠寶。他開始利用自己滔天的權勢貪污、收受賄賂，用各式方法斂財，許多想見他、有求於他的人，都必須先繳一筆費用才能見到「劉公公」。

　　劉瑾的囂張跋扈、胡作非為，把朝野、民間搞得怨聲載道，就連同為「八虎」的宦官間也有了嫌隙，而想要剷

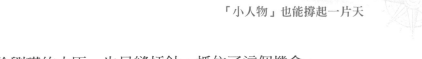
除劉瑾的大臣，也見縫插針，抓住了這個機會。

趁著出兵鎮壓藩王的機會，曾受劉瑾陷害的楊一清聯合「八虎」之一的宦官張永，準備一同扳倒劉瑾。這次扳倒劉瑾的計畫沒有走漏絲毫風聲，劉瑾也完全沒有預料到。當楊一清凱旋回朝的時候，直接上奏皇帝，將劉瑾的罪狀全數攤在明武宗面前，再加上張永的自白，打得劉瑾措手不及，半信半疑的明武宗也親自前往劉瑾的住處抄家，發現劉瑾不僅有大批金銀珠寶，更有私刻的皇帝印璽及龍袍等禁物，這讓明武宗勃然大怒，直接下令處劉瑾凌遲之刑，這樣一位震盪大明朝野的大宦官，氣數也走到了盡頭。

九千歲的太監：魏忠賢

字號	字完吾	諡號	無
生卒年	1568～1627	侍奉君主	熹宗～思宗

據說明熹宗臨死前，曾特別叮囑弟弟明思宗：「魏忠賢恪謹忠貞，可計大事。」這令後世史家學者困惑不已。明明魏忠賢做了許多迫害忠良的事情，為何明熹宗還要給予他這麼高的評價呢？

魏忠賢，原名魏四，入宮後先改名為李進忠，當出任司禮監秉筆太監後又改回魏姓，名忠賢。他懂得討好宦官前輩、打好同僚關係，因此很快地就與當時受寵的太監

——魏朝與王安通同一氣，甚至與皇帝的乳母客氏相識，與其對食，最後還結為夫婦。有了這層關係之後，魏忠賢抓到飛黃騰達的契機。

魏忠賢的權力之路，明朝的木匠皇帝明熹宗貢獻最多，要不是明熹宗的荒唐，也不可能有後來權霸朝野的大太監魏忠賢。因為明熹宗無心朝政，所以就將權力轉交給自己的乳母客氏和他的丈夫魏忠賢，明熹宗甚至直接欽點魏忠賢讓他擔任司禮監秉筆太監，代理自己處理朝政。

而當時已有一派文人雅士、清官良臣組成一派東林黨，對於此種不合禮法制度，當然強烈反對。魏忠賢志得意滿地上任，卻遭受突如其來的抨擊和指責，自然讓魏忠賢懷恨在心，將東林黨列為第一個下手剔除的目標。魏忠賢很清楚，想要剷除這些反對自己的東林黨人，必須要先有支持自己的人馬，所以他開始招募一些貪圖榮華富貴、反對東林黨人的大臣，逐漸形成了一個屬於自己的勢力，也就是後來的「閹黨」。

藉著一次東林六君子（楊漣、左光斗、魏大中、袁化中、顧大章、周朝瑞）對自己的上疏彈劾，魏忠賢反向偽造犯人的供詞，成功誣陷六君子收受賄賂、密謀不軌，在六君子因此下獄後，更殘酷地刑求、折磨他們，把他們逼死，最後還手持明熹宗的旨意，大肆搜捕東林黨人，使東林黨人盡數入獄，聲勢大減。

在這樣殘忍又不公的手段下，朝廷百官對魏忠賢又恨

又怕，但卻拿他沒有絲毫辦法，只能屈就於他的手下繼續做事。令人意外的是，魏忠賢的閹黨和殘餘的東林黨人間的對峙，竟微妙地形成一個平衡的力量，朝廷更因為魏忠賢的殺伐決斷，使當時的許多遲滯的政務能飛快地推動；再加上當時其實明朝的財政已經入不敷出，明廷之所以能持續運轉，很大一部分得感謝由魏忠賢帶領的閹黨，他們大力地逼迫地主、東林黨人吐出錢財，明朝朝廷、皇室權威才能繼續運轉下去。

但是這樣的平衡，就在魏忠賢死後被打破。雖然明熹宗交代弟弟明思宗應該繼續重用魏忠賢，但是從小看著宦官插手朝政的明思宗十分厭惡魏忠賢，所以在他上位沒多久後，就找了個理由，讓錦衣衛逮捕魏忠賢，魏忠賢也明白自己難逃一死，因此果斷懸樑自盡，結束了九千歲太監「一人之下，萬人之上」的生涯。

魏忠賢一死，明朝真的迎來了滅亡，明思宗當皇帝當得十分窘迫，因為皇室已經無法再從百姓或大官身上榨出任何一絲稅金或錢財，過去還有魏忠賢的作威作福，地方都得看著他的顏面乖乖納稅，現在他一死，地方反而對明思宗這個末代天子視而不見，明朝國庫持續空虛，導致明思宗雖有心想力挽狂瀾，卻總是以失敗告終。

第五章　後宮中唯我獨尊！

　　總說「後宮女人不得干政」，但偏偏在中華五千年歷史的洪流中，後宮女人總能搶到一席之地。無論是皇后還是妃嬪，她們各個都不是省油的燈，即使無德無才，她們還是能憑藉著自己的美貌或手段魅惑皇帝，甚至在後宮隻手遮天地迫害皇子、垂簾干政。

　　儘管明太祖朱元璋曾將「後宮不得干政」列為祖訓，但到了明朝中後期，後宮女人利用皇帝對自己的寵愛吹「枕頭風」，開始介入明朝政治，甚至還成為宦官亂政的助力，把明朝攪成一池渾水。

我有大腳，我自豪：馬皇后

諡號	孝慈高皇后	墓葬	明孝陵
生卒年	1332～1382	丈夫	太祖朱元璋

　　明朝的第一位皇后——馬氏，名字不可考，但有些野史、戲曲稱其本名為「馬秀英」。她原為地方富豪的女兒，但因元末戰亂頻仍，再加上父親馬公犯了殺人罪，全家只能過著顛沛流離的生活。幸好馬公平時熱於助人、朋

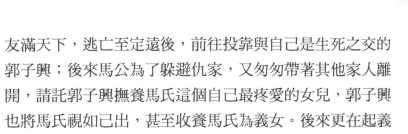

友滿天下，逃亡至定遠後，前往投靠與自己是生死之交的郭子興；後來馬公為了躲避仇家，又匆匆帶著其他家人離開，請託郭子興撫養馬氏這個自己最疼愛的女兒，郭子興也將馬氏視如己出，甚至收養馬氏為義女。後來更在起義抗爭元朝暴政的時候，把她許配給自己麾下的大將朱元璋，從此結下母儀天下的良緣。

說到馬氏，最受人稱讚的就是她的雍容大度、節省和樸素，過去曾是千金小姐的她，有讀書識字的機會，也因此養成具備自我主張、有原則的性格，這讓她與其他強調「無才之德」的女子截然不同，就連當時盛行「裹小腳才是美」的文化，馬氏也不屑一顧，堅持自我原來的樣子，這也讓她有了「大腳皇后」的稱號。

嫁給朱元璋之後，馬氏傾盡心力輔佐自己的丈夫，總是溫柔賢慧地支持著朱元璋，好幾次朱元璋得罪了自己的義父郭子興、遭到懲處時，都是馬氏暗中接濟、從中斡旋，朱元璋才能倖免於難。馬氏也深知朱元璋的大志，便時常帶著他一起讀書，循循善誘地訴說著知識的重要性。朱元璋之所以能有「開創明朝」帝王成就，有一半的功勞都應該歸功於馬氏的支持與協助。

在朱元璋成為明朝開國皇帝後，他也沒有忘了馬氏，他在即帝位的第一天，就冊封馬氏為皇后，同時也封她生下的嫡長子朱標為太子。

馬氏當上皇后之後仍不忘本，時常讓後宮女官為自己

蒐集歷代知名婦女的事跡，通過閱讀史書砥礪自己，讓自己成為後宮最好的楷模；此外，當朱元璋因為自己的疑心病而大殺功臣時，馬皇后也時常藉著生活日常相處的時間，進諫皇帝不要忘了過去的疾苦，要體察民意、愛護臣民。最後，馬皇后還制止朱元璋尋找自己的族人，遏止馬氏一族藉由自己的地位加官晉爵的機會，也斷絕了外戚干政的可能性。

馬皇后即使貴為皇后，但她仍要求宮中不可大肆鋪張浪費，一切應以簡樸生活為主，平常就以身作則，穿粗衣、食淡飯，甚至帶頭自行縫製衣服，就連皇帝日常生活的侍候，也堅持自己親力親為。

這樣溫柔聰慧的皇后，一生盡心盡力地支持著朱元璋，為他維護君臣、百姓間的和諧，但這樣的好人卻不長命，比朱元璋早死了數十年。馬皇后晚年的時候病重，這讓朱元璋傷心不已，馬皇后渾然不覺自己的大限將至，只輕聲地勸諫與送出最後一聲祝福：「願陛下求賢納諫，慎終如始，子孫皆賢，臣民得所而已。」不久便與世長辭。

馬皇后逝世以後，朱元璋便不再立后，藉此尊重和感懷這個陪他闖天下的女子，而馬皇后的一生作為，至今也仍受後世萬人景仰。

史上最有魅力的保母：萬貞兒

諡號	恭肅貴妃	墓葬	天壽山頂萬娘娘墓
生卒年	1430～1487	丈夫	憲宗朱見深

　　萬貞兒是明朝史上赫赫有名的貴妃，也是最令人匪夷所思的女人。她明明大了明憲宗十餘歲，卻還能使明憲宗終身獨寵她一人。

　　萬貞兒的出身並不好，她的父親萬貴初為縣吏，宣德年間卻因犯法而被發配，萬貞兒可算是受到株連的後代，所以年僅4歲就被送到宮中為奴，但萬貞兒相當聰明伶俐，被後宮掌權者孫太后相中，萬貞兒宮中的地位也隨之水漲船高，在太子朱見深2歲的時候便被派去照顧太子，奠下了成為皇貴妃的基石。

　　萬貞兒從太子朱見深2歲時就開始照顧他，在太子登基為皇的前十年可說是如影隨行，是個實實在在的保母。萬貞兒在宮中陪伴著小了自己十餘歲的太子時，就時常想著自己的未來，最後決定把寶壓在小太子身上，所以她盡心盡力地照顧這個命運多舛的小太子，陪伴他走過父親不在、叔叔篡位、自己被廢的時光，萬貞兒可說是小太子苦悶幼年生活中的一縷朝陽。

　　萬貞兒一個人分飾多角，擔任朱見深生命中各個具備重要意義的女性角色，她是太子的保母、姐姐，甚至是初戀情人；因為在朱見深情竇初開的年紀，他能見到的仍是

只有萬貞兒一人。

朱見深在 18 歲繼位為明憲宗，任誰都沒有想到，這個年輕的皇帝甫上位最想做的事情就是——立萬貞兒為后，這時候的萬貞兒已經是個三十餘歲的女人，甚至身分還只是一個因罪入宮的宮女！

這讓朝廷瞬間沸騰，朝臣群起反對。事情傳到明憲宗的生母周太后耳中，周太后也大發雷霆，駁回這道荒唐的旨意。無奈之下，明憲宗只能退而求其次，冊封父皇遺詔安排的吳氏為皇后，並封萬貞兒為貴妃。

大家都以為明憲宗只要見到年輕貌美、知書達禮的吳皇后，很快就會改寵吳皇后，沒想到，新婚當天，明憲宗竟不改其初衷，整日陪伴在萬貞兒身邊，甚至晚上也直接夜宿於萬貴妃的榻上。連續受了幾次冷落之後，吳皇后終於忍無可忍，藉機對萬貴妃動刑責打，希望能藉此立威，沒想到卻觸怒龍顏，明憲宗竟不顧朝臣及太后的反對，強硬廢去吳皇后之位，並打入冷宮。

得到明憲宗獨寵的萬貴妃，果然很快就懷上龍胎，在明憲宗即位第二年就生下皇長子。明憲宗大喜，再次提升萬貴妃的後宮地位，冊封其為皇貴妃，可惜的是，萬貴妃生下的皇長子並沒有帶著父母的期望成長，他隔年就夭折去世，讓明憲宗和萬貴妃悲痛不已。

萬貴妃儘管得到皇帝的獨寵，因而有寵冠後宮的機會，但她也敵不過「女人到了一定年紀便無法生育」的命

運。在皇長子夭折後時，她已是一位 36 歲的婦人。在醫療保健技術尚未成熟的明朝，36 歲已是一個難以繼續生兒育女的年紀，因此，萬貴妃便再也懷不上龍胎。「當上皇太后」的夢想因生不出兒子而破碎，這也使萬貴妃的性格變得異常扭曲。

萬貴妃開始用盡一切手段，逼迫其他懷孕的嬪妃墮胎，就連太子朱祐樘的命都是其生母紀淑妃、周太后、廢后吳氏三人連手保下的，直到朱祐樘 6 歲那年，明憲宗才知道自己有這麼一個兒子，大喜之下，立刻將他封為太子，這才讓明憲宗有了能繼位的子嗣。

萬貴妃知道紀淑妃之子朱祐樘受封成為太子後，憤而害死紀淑妃，甚至更進一步地要求明憲宗廢換太子。這種動盪國本之事自然是不可能被允許的，萬貴妃費盡心思，卻怎麼樣都無法影響太子的地位，怒火攻心之下，沒過多久就病逝了。萬貴妃去世後，明憲宗除了下旨要求她的葬禮需比照皇后辦理外，也因過度悲傷，在數月之後亡故。

禍國殃民的妖妃：鄭貴妃

謚號	孝寧太皇太后	墓葬	銀泉山鄭貴妃墓
生卒年	1565～1630	丈夫	神宗朱翊鈞

明神宗是明朝在位最久的皇帝，但同時也是最久不上朝的皇帝，而他不上朝的最大原因，很多人都說就是一個

後宮女人——鄭貴妃所造成的。

　　鄭氏自幼容貌清麗、媚態天生，加上她的出身並不差，有資源、有美貌、有本錢，與一般無法讀書的女子相比，她顯得更加機智聰穎，也更懂得逢迎人心。她在17歲的時候進宮選秀，因姿色過人而位列淑嬪，隔年更因此被明神宗相中，深受皇帝寵愛，也開啟鄭氏在後宮一枝獨秀的寵妃生活。

　　鄭氏的獨寵之路看似順遂，卻還是出了差錯，那就是明神宗沒能管住自己的衝動，臨幸了李太后宮中的王氏宮女，甚至讓對方誕下皇長子朱常洛，在李太后的要求下，明神宗不得不冊立王氏為恭妃。

　　明明自己寵冠後宮，卻只能當個小小的淑嬪，被後來居上的恭妃力壓一頭，這讓鄭氏相當不滿，於是她不依不饒地日夜哀求明神宗，求明神宗也給自己一個位分，明神宗抵不住她的哀求，沒多久就晉升鄭氏為德妃。鄭氏也在明神宗的日夜陪伴下懷孕，可惜生下的是個女兒，但仍讓明神宗相當高興，直接將她升為貴妃。

　　明神宗一連串擾亂後宮秩序的舉動讓群臣不滿。明神宗先是無故晉升鄭氏為德妃，而後甚至在鄭氏生下公主後就將她晉升為貴妃，比生下皇長子的恭妃還要更高一階，這個舉措明顯於禮不符，因此朝臣紛紛上疏批責。

　　受盡明神宗寵愛的鄭貴妃，當然在第一時間聽到這些「閒言閒語」，她知道自己在後宮還未誕下皇子，所有的

榮寵只能倚靠皇帝，因此她按下心中的憤怒，在關心明神宗之餘，也提議明神宗暫放此事不表，讓時間平息群臣的怒火。明神宗也不想與群臣爭論這些糟心事，最後果斷聽從她的建議，放著群臣的抗議不管，繼續和鄭貴妃在宮中美滋滋地過日子。

後來，冊立貴妃的風波果然靠時間沖淡而平息，但鄭貴妃的心裡早已有了新的計畫——只有生下皇子，並讓親生兒子當上皇帝，自己才能保有現在的榮耀。因此，鄭貴妃積極備孕，沒過多久，明朝著名的「國本之爭」就隨著鄭貴妃生下皇三子朱常洵、自己因此晉封為皇貴妃後，揭開了序幕。

由於朝臣絕大多數都堅持封建正統——「有嫡立嫡，無嫡立長」，因此即便皇長子朱常洛是宮女所出，但他們早已把他視為未來的皇帝，所以當明神宗一直遲遲不肯立太子、平時又不喜歡朱常洛、反而專寵鄭貴妃和朱常洵時，朝臣就開始懷疑鄭貴妃蠱惑皇帝，圖謀立自己的兒子朱常洵為太子。一想到這種可能性，立即震動朝野，朝臣紛紛上疏進諫，請明神宗務必立長子為儲君。

鄭貴妃為了讓自己的兒子上位，也是祭出各式手段，奈何即使尊貴如皇帝，也難以撼動千年來的繼位模式，她的兒子朱常洵最後也被發配地方，封為福王。但她為了讓兒子朱常洵繼位的各種舉措，也衍生出「萬曆怠政」的後果，使明朝頹勢更加明顯，難再挽回。

　　萬曆四十八年（1620），明神宗病逝，太子朱常洛登基成為明光宗。沒隔多久，明光宗又因「紅丸案」猝逝，鄭貴妃就趁著宮中大亂時，夥同繼位皇帝明熹宗的養母李選侍以及逐漸嶄露頭角的宦官魏忠賢，一同霸佔乾清宮。

　　朝中大臣對此感到相當不滿，卻又莫可奈何，後來才在東林黨人的周璇利誘下，鄭貴妃的侄兒鄭養性出面力勸鄭貴妃，鄭貴妃這才鬆手移居慈寧宮，明末三大案的最後一案──移宮案，才終於平息。

　　到了明熹宗天啟年間，宦官魏忠賢的權勢如日中天，勾結熹宗的乳母客印月，總攬朝政及後宮大權，鄭貴妃勢力不再，移居仁壽宮養老。最後在明思宗崇禎年間，鄭貴妃病死，終於結束她為亂晚明朝政的一生。

奶媽界的翹楚：客印月

封號	奉聖夫人	墓葬	無
生卒年	不詳～1627	丈夫	侯巴兒、魏朝、魏忠賢

　　客印月原本只是一名來自河北定興的普通農婦，是侯巴兒的妻子，還有一個名為侯國興的兒子。當時明朝正值萬曆後期，太子朱常洛與才人王氏生下皇長孫朱由校，也就是未來的明熹宗。由於朱由校的生母王氏的乳水不豐，只得外找一位「乳母」進宮哺育小皇孫，這時，18歲剛生完孩子的客印月一眼被相中，被選入宮哺乳朱由校。說也

奇怪，原本哭聲震天的朱由校，經客印月一抱，竟立刻止住哭聲，並高興地喝起奶來。

客印月留在宮中照顧皇太孫沒多久，她的丈夫侯巴兒過世，這迫使她得在宮中另外找個靠山，才能安穩地度過下半輩子。朱由校從小就是客印月一手帶大的，自然事事都聽從客印月的安排；據傳，當朱由校長大之後，客印月甚至藉著他對自己的依戀和信任「邀上淫寵」，以乳母的身分勾引朱由校，成為朱由校的第一個女人。

原本依照傳統，乳母在皇帝長成一定年紀後，就不必時刻陪伴在皇帝身邊，但因為明熹宗朱由校對客印月頗為依戀，使得客印月得以破例繼續留在宮中侍奉皇帝。後來客印月與明熹宗身邊的宦官魏朝先搭上了線，與其發展成「對食」的關係，這種關係後來被魏朝力薦的晚輩魏忠賢發現了，客印月這時又與魏忠賢看對了眼，對彼此心中掌權的欲望了然於胸，客印月也果斷拋棄魏朝，改投魏忠賢的懷抱，成為名義上的假夫妻。

此時，即使朝臣抬出「客印月乳母責任已了」的大旗，要求客印月出宮，客印月也能以和魏忠賢對食的身分繼續住在宮裡。即使客印月在宮裡的身分仍是「皇帝乳母」，因此成不了皇帝的妃嬪，但她在宮裡過的生活可是比皇帝的妃嬪還要威風，就連皇后都得看她的臉色行事。

仗著明熹宗的寵愛，本來就有幾分姿色的客印月更是天天打扮得花枝招展，而且還將假丈夫魏忠賢引薦給皇

帝，明熹宗二話不說，直接提拔魏忠賢提拔成秉筆太監，給他為皇帝擬定聖旨的權力。

有了皇帝和丈夫的撐腰，客印月在後宮越發不可一世，她經過的地方都必須大肆鋪張排場，不僅必須提前清掃路線上的障礙物，還需在道路的兩側焚香，所有太監、宮女見到她都得高呼「老祖太太千歲」。

前有魏忠賢為亂朝政，後有客印月作亂後宮，使明朝後期的國力持續衰退，明熹宗的子嗣更因為客印月而斷絕。客印月為了維持自己的權勢，擅自殺害皇嗣、迫害懷有身孕的嬪妃，手段令人髮指。

明熹宗在位 7 年後駕崩，由弟弟朱由檢繼位，是為明思宗。明思宗決心要使明朝振作，即位後的第一件事就是處理魏忠賢和客印月。最後，魏忠賢被迫自殺，他的對食客印月也被押解至浣衣局刑訊，最後以殘害皇嗣等罪名被處「笞杖之刑」，被脫下褲子活活打死，並焚屍揚灰。

附錄一

《大明風華》
人物側寫

朱棣 （王學圻飾）

生卒年	1360～1424	武力 ★★★★★
身分變化	第四皇子（太祖之子） ↓ 燕王（太祖冊封） ↓ 明成祖	智力 ★★★★★ 魅力 ★★★★☆ 統率 ★★★★★ 評價 ★★★★☆

　　王學圻在「大明風華」中飾演燕王朱棣，他外表看似頑固，實則是一位溫和的父親，同時他也沒有忘記自己身為皇帝的職責，時常心繫天下百姓。朱棣10歲就受封為燕王，驍勇善戰，也親自出征不少戰役，劇中的他與史實一樣，時常想撤換太子人選，改冊立與自己相像的漢王朱高煦，但他實在太喜歡現在太子朱高熾的兒子朱瞻基了，所以最後還是把江山交給了朱高熾。

　　在《大明風華》裡，朱棣是有血有淚、富含人情味的帝王，他深知自己發動靖難之變奪位是錯的，他的餘生也在不斷悔恨與彌補中度過。王學圻演活了這位孤獨帝王，他重新詮釋了朱棣人前鐵血雷霆、人後悔恨無奈、對自己高度自律自省、對親人愛之深恨之切的表現，手法相當精湛。劇中朱棣雖身處於帝王之家，但對兒子、孫子卻與平民百姓的日常生活無異。王學圻甚至在下戲之後情不自禁地吶喊：「家家都有本難唸的經，兒子們也都這樣長大了。再見了大明！再見了太孫和幾個不省心的兒子！」

朱高熾（梁冠華飾）

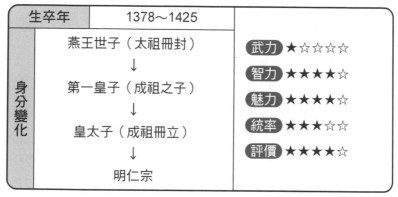

生卒年	1378～1425	
身分變化	燕王世子（太祖冊封） ↓ 第一皇子（成祖之子） ↓ 皇太子（成祖冊立） ↓ 明仁宗	武力 ★☆☆☆☆ 智力 ★★★★☆ 魅力 ★★★★☆ 統率 ★★★☆☆ 評價 ★★★★☆

　　說起明仁宗朱高熾，初印象大家只會看見他懦弱的外表，但實際上朱高熾大智若愚，故意不說破一些事，非常討人喜歡，一度壓過主角湯唯和朱亞文的風頭。不少人都認為朱高熾是一個慫到底的人物，不僅怕父親、怕兄弟，還怕老婆！講話連提高音量都不敢，就連兒子朱瞻基都常常規勸他，希望父親可以拿出身為太子的氣勢。就在所有人都以為朱高熾就是個草包的時候，他其實才是把事情看得最清楚的人，他不僅了解自己的父親，也清楚兄弟的性格和想法，甚至在兒子陷入困境時，還能從旁提點。

　　飾演朱高熾的梁冠華不愧是國家一級演員，55歲的他把害怕父親的大兒子、兄弟之間和事佬、愛惜老婆的好丈夫、疼愛並擅長引導兒子的好爸爸演得活靈活現。但朱高熾這個角色注定活不長，在他上位沒多久就猝然病逝，這也讓許多網友遺憾不已，十分想念朱高熾存在的劇情。

朱高煦（俞灝明飾）

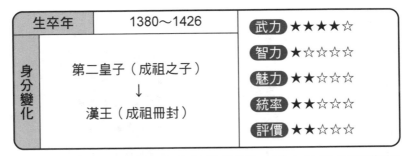

生卒年	1380～1426
身分變化	第二皇子（成祖之子） ↓ 漢王（成祖冊封）

武力 ★★★★☆
智力 ★☆☆☆☆
魅力 ★★☆☆☆
統率 ★★☆☆☆
評價 ★★☆☆☆

　　過去以偶像演員出身的俞灝明，這次的扮相相當粗獷，一出場就是滿臉絡腮鬍、濃眉，飾演朱瞻基的叔叔漢王朱高煦。不少觀眾第一時間都沒能認出他來，就連朱瞻基的飾演者都足足大了俞灝明3歲！但俞灝明還是不負眾望地演活了漢王朱高煦。身為朱棣二子，朱高煦其實是最像朱棣的兒子，又屢次在靖難之變中立下軍功，但父親最後還是立懦弱的大哥為太子，他也因此不滿地處處找太子麻煩，想證明自己才是比較優秀的那一個！

　　俞灝明提到《大明風華》與其他宮廷劇截然不同，朱家皇室間的相處少了些許君臣隔閡，多了點父子兄弟的人倫親情，讓觀眾得以深入感受到大明皇室的相處氛圍，甚至能更理解角色做出某種行為與言論的原因。幾位演員後來也演出真感情，朱棣下線後，俞灝明還特別在微博上開玩笑地抱怨：「爹，您都沒見我這個不省心的兒子最後一面，是不是真的不愛我？」

朱瞻基（朱亞文飾）

生卒年	1399～1435		
身分變化	皇太孫（成祖冊立） ↓ 皇太子（仁宗冊立） ↓ 明宣宗	武力 ★★★★★ 智力 ★★★★☆ 魅力 ★★★★☆ 統率 ★★★★★ 評價 ★★★★★	

　　朱亞文在過去大多接演現代劇，據傳他這次拿到《大明風華》劇本後，只翻了幾頁就決定挑戰自我，朱亞文也對朱瞻基這位皇帝做了個總結——朱瞻基不僅愛玩，也很會玩！在《大明風華》前期，不少觀眾都覺得朱亞文把皇子演得像東廠宦官，關於這方面，朱亞文也做了回應，表示朱瞻基這個角色的玩性很重，但他同時也善於隱藏自己，包括他的一些不著調、搔首弄姿的動作，其實都是這個人物身上的保護色。確實，生於皇室家族中，皇子們最需要學習的，就是他們的生存方式與為人處事的原則。

　　《大明風華》中，朱瞻基不僅需要討好嚴厲的祖父朱棣，還得聽太子父親朱高熾的傾訴抱怨，甚至得時不時充當和事佬斡旋於各方之間，若朱瞻基沒為自己刷上一層保護色，恐怕早丟了皇太孫之位！同時，朱亞文也認為，朱瞻基的一生也處於不斷學習與成長之下，到了《大明風華》後段，甚至成功化身為支撐起大明王朝的成熟帝王。

朱祁鎮（張藝興飾）

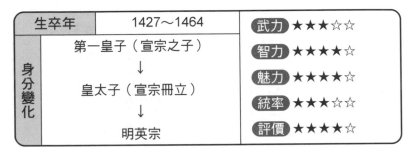

生卒年	1427～1464	武力 ★★★☆☆
身分變化	第一皇子（宣宗之子）↓ 皇太子（宣宗冊立）↓ 明英宗	智力 ★★★★☆ 魅力 ★★★★☆ 統率 ★★★☆☆ 評價 ★★★★☆

　　朱祁鎮是明宣宗朱瞻基與皇后孫氏的兒子，又是嫡長子，因此在年幼時就被立為皇太子，從小就是天之嬌子。而朱祁鎮的飾演者張藝興在《大明風華》中也完美詮釋了何謂「熊孩子」，他刁蠻、叛逆，還自以為是，許多觀眾看了劇中的朱祁鎮後，都不約而同地想罵一句：「昏君！」同時，也因為明宣宗朱瞻基英年早逝，使朱祁鎮被迫以少年之姿走上皇位，並由孫太后輔政。

　　在國事的重擔、孫太后嚴厲指責的壓力之下，朱祁鎮的叛逆反彈來得特別嚴重，連張藝興自己都認為朱祁鎮的叛逆，是來自於「渴望自由」，所以他才會忤逆媽媽，反而聽信身邊從小陪伴自己長大、總是好言相向的宦官的話。拍攝《大明風華》也是張藝興在演藝生涯中做過最多嘗試的一次，他在某次更衣時還開玩笑似地笑著說：「如果我真的是朱祁鎮，我第一件事就是廢除更衣制，穿得簡單點！」

朱祁鈺（李昕亮飾）

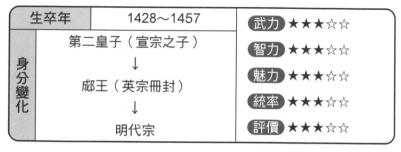

生卒年	1428～1457
身分變化	第二皇子（宣宗之子） ↓ 郕王（英宗冊封） ↓ 明代宗

武力 ★★★☆☆
智力 ★★★☆☆
魅力 ★★★☆☆
統率 ★★★☆☆
評價 ★★★☆☆

　　飾演朱祁鈺的演員李昕亮認為，朱祁鈺在《大明風華》劇情中，是個相當不起眼的人物。他突然被推舉為帝，登位時整個人是懵的，當起皇帝來也是唯唯諾諾。直到面對瓦剌的南下侵略，朱祁鈺才展現了朱家的血性與愛國之心，並對孫太后說：「我願做第一個殉國者！」這樣的發言昇華了朱祁鈺的人生光輝，將這麼一個平常膽怯懦弱的人，塑造成能挺身而出、站在第一線承擔責任的帝王。對於看劇的觀眾來說，朱祁鈺是為一路走下坡的國勢懸崖勒馬、並成為為兄長朱祁鎮「擦屁股」的帝王。李昕亮受採訪的時候也曾向父親朱瞻基喊話：「爹，我死後沒有葬在十三陵，我一個人好冷啊！你們在那裡好嗎？」

　　李昕亮的喊話在一定程度上反映了明朝這段錯縱複雜的歷史——朱祁鈺雖因兄長朱祁鎮被俘而被推薦上位，卻在朱祁鎮返國後沒有第一時間把皇位還給哥哥，導致後來被朱祁鎮報復，死後只能以親王之禮葬在景泰陵。

張妍 （吳越飾）

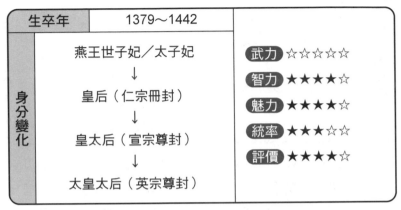

生卒年	1379～1442	
身分變化	燕王世子妃／太子妃 ↓ 皇后（仁宗冊封） ↓ 皇太后（宣宗尊封） ↓ 太皇太后（英宗尊封）	武力 ☆☆☆☆☆ 智力 ★★★★☆ 魅力 ★★★★☆ 統率 ★★★☆☆ 評價 ★★★★☆

　　在宮廷劇裡一聽見太子妃，立刻就會聯想到一些厲害角色，但是這裡的張妍卻不同，她就像尋常人家中的妻子一般，擔心老公、操心兒子，老了還得繼續煩惱媳婦跟孫子的事情。歷史上也沒有對張氏進行太多著墨，但就是這樣一位沒沒無聞的角色，卻被吳越給演得生動了起來，在《大明風華》中綻放著不可忽視的光彩。

　　張妍一路從世子妃晉升到太后，最後還成為明朝第一位太皇太后，她的機智與聰慧表現得張弛有度，堪稱後宮的表率。到了《大明風華》後期，張妍先後死了丈夫與兒子，讓她「黑化」了，表現出極度不理性的姿態，吳越認為張妍在悲憤的情緒下，早就忘記自己到底在堅持什麼，只有處處和孫若微唱反調，才能真正感覺到自己的存在，其實，張妍也不過是個可憐的女人罷了！

于謙 （蘇可飾）

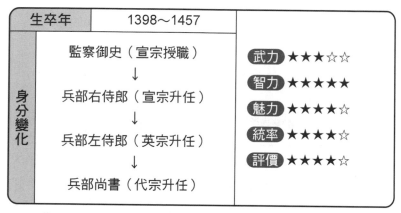

生卒年	1398～1457
身分變化	監察御史（宣宗授職） ↓ 兵部右侍郎（宣宗升任） ↓ 兵部左侍郎（英宗升任） ↓ 兵部尚書（代宗升任）

武力 ★★★☆☆
智力 ★★★★★
魅力 ★★★★☆
統率 ★★★★☆
評價 ★★★★☆

　　蘇可是中央戲劇學院表演系教師，他演過的角色五花八門，演起忠肝義膽、一心效忠國家、造福百姓的功臣更是入木三分，當他在劇中遭遇不平待遇時，觀眾們也都激動地為他喊冤、抱不平。

　　蘇可戲稱自己扮演的角色于謙，是個見人就懟的「于懟懟」，無論是誰遇上他那剛烈又正直的性子，只有被他盯著嘮嘮叨叨的分，甚至他還笑稱于謙是朱家的傳家寶，從永樂年間登科進士開始，就一直盡心盡力地輔佐明朝，可謂鞠躬盡瘁、死而後已。不少觀眾邊看邊痛罵下達處死命令的朱祁鎮，也心疼于謙的不平等待遇，但是對蘇可來說，他認為于謙看淡了自己的生死，也覺得自己已經為混亂的明代朝野盡了自己最後的心力。正如他一生的座右銘：「粉身碎骨渾不怕，要留清白在人間。」

其木格（曲尼次仁飾）

身分變化	瓦剌首領也先之妹 ↓ 朱祁鎮之妻 【虛構人物】	武力 ★★★☆☆ 智力 ★★☆☆☆ 魅力 ★★★☆☆ 統率 ★★☆☆☆ 評價 ★★★☆☆

　　《大明風華》中，其木格與朱祁鎮初相遇於土木堡之變，相處過後，其木格對朱祁鎮一往情深，幾次救下朱祁鎮。她是個驕傲的草原公主，有著高貴的出身與血統，卻甘願跟著落魄的朱祁鎮一起離開生活了數十年的大草原，甚至在朱祁鎮被弟弟囚禁時，她也沒想過要離開，至死都沒放棄朱祁鎮，甚至為他生了個長子朱見深，可惜最後因小人從中作梗而香消玉殞。

　　飾演其木格的演員正是來自西藏阿里的曲尼次仁，她從小就在邊疆生活長大，演起草原公主更是得心應手，甚至可說是本色出演！曲尼次仁的年紀實際上已經突破三十大關了，但她演起草原少女竟仍毫無違和感，她的眼中不僅充滿涉世未深的單純，還有著對愛情的勇敢與執著。雖然其木格是個虛構人物，生下朱見深的也另有其人，但曲尼次仁飾演其木格時毫不扭捏的姿態、縱馬奔馳與作戰的颯爽英姿，在在都將其木格的形象深深刻入觀眾骨血之中，讓人無法忘卻這位其實並不存在的少女。

附錄二

看影片，
學《明史》

明十三陵之謎

明十三陵坐落於北京昌平區十三陵鎮天壽山下的小盆地內，安葬著明朝 13 位帝王。排除通常不被列入正史的南明四帝後，明朝皇帝一共有 16 位，卻不是每一位都能葬在

影片傳送門

明十三陵中。明太祖朱元璋、明惠帝朱允炆、明代宗朱祁鈺就是唯三沒葬入明十三陵的明朝皇帝，究竟為何如此呢？就讓筆者帶著大家往下看下去吧！

明太祖朱元璋死後葬於南京孝陵，離世的時候是 70 歲，可說是明朝最長壽的皇帝。最初他打算傳位給長子朱標，並封其他二十幾個兒子為藩王，因此將老大朱標封為太子，老二朱樉封為秦王、封地西安，老三朱棡封為晉王、封地太原，老四朱棣封燕王、封地北平……老十七朱權封為寧王、封地寧國（現今內蒙古）。那時候朱元璋剛推翻元朝建立大明，得不時抵禦元朝殘部南侵，而寧王其實就是朱元璋設下的一道防線，由此可見，寧王的軍事才能比起其他兄弟，是相當高的。

朱元璋非常相信自己的兒子們，認為兒子不可能造反，所以放心地分出這些封地跟勢力，但是到了下一代、下下代，彼此的血脈分隔遙遠，關係就沒那麼親近了；再加上朱元璋的在位期長達 31 年，導致朱標還沒來得及接位就死了，這讓其他兒子們蠢蠢欲動，前面哥哥們都死光了的四子朱棣更是以為帝位是自己的囊中之物。

　　沒想到，朱元璋竟直接越過兒子，傳位給皇太孫朱允炆，這已經使朱棣頗為不滿；再加上朱允炆發動削藩，更讓燕王朱棣受不了，乾脆舉兵發動「靖難之變」奪取皇位。在宮殿大火中，明惠帝朱允炆失蹤了，由於沒有屍體能埋葬，且繼位的明成祖朱棣不承認明惠帝的帝王身分，所以理所當然地，明惠帝就沒能葬入明十三皇陵。

　　在中國史上各朝的藩王之亂中，只有朱棣「靖難」成功，這是為什麼呢？主要是朱棣的策略計畫有成。朱棣第一步就是攏絡其他兄弟，尤其是十七弟寧王朱權，他手握重兵，只要拉攏到他，就能掌握極為強大的軍事勢力；接著，朱棣懂得不看輕任何人，就連那些慘遭「去勢」的宦官也能得到朱棣的尊重。

　　朱棣奪位後，一直想遷都北京，因為他從19歲開始就在北京生活，再加上當時的蒙古勢力仍屢次南侵，時不時就得前往北京鎮守。於是，朱棣即位後次年就開始興建紫禁城，建好後就立即遷都北京，這也是「明十三陵建於北京」的原因，而死於南京的朱元璋，自然也不會葬入北京明十三皇陵，所以今日乃有南京「明孝陵」為朱元璋之陵墓。

　　朱棣奪位後同樣也面臨了成為帝王後最煩惱的問題——該傳位給誰？朱棣不止一次考慮要傳給與自己相像的漢王朱高煦，但他實在太喜歡由溫和的長子朱高熾生下的長孫朱瞻基了，再加上當時的朝野已經經歷太多殺戮，百

姓需要休養生息，勢必得選擇一個溫和純孝的太子和未來指日可待的孫子。由明初的歷史來看，朱棣的眼光確實相當好，仁、宣二宗接續了由朱棣開創的永樂盛世，讓百姓安居樂業，並推行了許多有益於民的建設和法令。

明宣宗朱瞻基傳給長子朱祁鎮後，明朝國勢開始走下坡，先是明英宗朱祁鎮被瓦剌俘虜、被弟弟朱祁鈺幽禁，之後朱祁鎮抓準時機，率兵發動奪門之變，成功復辟，整個明朝朝野上下動盪不安。之後奪回皇位的朱祁鎮不承認明代宗朱祁鈺的皇帝身分，因此朱祁鈺無法葬入明十三陵，最後以親王之禮葬其於北京西山的景泰陵中。

因此，明十三陵之謎相當好解！明朝共有 20 位皇帝，先去掉不列入正史的南明四帝（弘光帝、隆武帝、紹武帝、永曆帝）；之後再刪去三位因各式原因無法入主明十三陵的明朝帝王，包括——尚未遷都北京而葬於南京的明太祖朱元璋、不被明成祖承認帝位且下落不明的明惠帝朱允炆、不被明英宗承認帝位的明代宗朱祁鈺；其餘 13 位皇帝都葬於明十三陵之中。

明朝的那些事兒

明朝皇帝確實是一代不如一代，從朱元璋一直到第五位皇帝——明宣宗為止，開始出現「品質走下坡」的現象。雖然明宣宗有

影片傳送門

不少偉大的政績與建樹，但是他私下過於喜歡鬥蟋蟀（蛐蛐），又太過信任宦官，使後代帝王與宦官的關係越發錯綜複雜。

明朝的第六位皇帝明英宗，因為太過寵信宦官而導致土木堡之變，在與瓦剌作戰時被俘，被後世稱為「被俘皇帝」。第七位皇帝明代宗景泰帝，也是唯三沒有入葬明十三皇陵的明朝皇帝之一。

第八位皇帝明憲宗朱見深，是一位有戀母情結的皇帝，他與一位大了他 19 歲的保母相好，甚至封這個保母為萬貴妃，皇后氣不過與之爭吵，卻沒想到迎來被廢的結局；在萬貴妃生下的皇子夭折、自己因年長而無法懷孕後，十分嫉妒其他後宮嬪妃，處處下手殘害皇嗣使明憲宗無子，直到明憲宗寵幸宮女紀氏，紀氏因此生下皇子後，三個女人──紀氏、廢后與周太后死命保護這個皇子，才終於使皇子倖免於難，成為未來的明孝宗朱祐樘。

明孝宗或許是在童年受過太多傷害，或看盡後宮混亂與骯髒的手段，他雖貴為皇帝，但一輩子卻只有一個女人──張皇后，堪稱是史上最專情的皇帝。但是純情的基因顯然沒有遺傳下來，因為這位最專情的皇帝，居然生下一位史上最花心的皇帝──明武宗朱厚照。

朱厚照是明朝的第十位皇帝，任性妄為又愛嬉樂胡鬧，在歷史上非常具有爭議性的皇帝。因為他荒淫無度、寵信宦官、建立專門放一些奇珍異獸、女人及男寵的豹

房，甚至到處強搶有夫之婦，因此更出現「游龍戲鳳」的歷史典故。明武宗不僅荒淫，還特別喜歡玩角色扮演遊戲，以「鎮國公」的身分與身為皇帝的自己對話，行事作風相當荒誕不經。沒想到這麼花心的明武宗，卻沒能生下皇子繼承江山，於是朝野只好跑去找他的堂弟繼位。

明朝的第十一位皇帝就是明世宗朱厚熜，明世宗與明武宗不愧為堂兄弟，都是奇葩的人。明世宗運氣好當上皇帝，卻任性地將近二十年完全不上早朝，沉迷於煉丹求道，甚至將權力下放給代理人嚴嵩，只因他寫要燒給玉皇大帝的青詞寫得特別好。

還好這樣一個荒唐的皇帝生下一個還不錯的兒子，也就是第十二位皇帝明穆宗朱載垕。他在位期間做了兩件大事——一是解除海禁，二是開放與蒙古互市貿易。

再來就是明朝第十三位皇帝明神宗朱翊鈞，他是史上有名的斂財皇帝。他派出很多太監到處收稅，並把這些稅收納入自己的私房錢。此外，他更打破明世宗的紀錄，長達28年不上朝，明朝沒滅亡在他手上還真是不容易！

明神宗將近28年不上朝，他的兒子明光宗卻是史上做皇帝時間最短的皇帝，即位二十幾天就因吃了官員進貢的紅色藥丸而一命嗚呼，皇位就這樣傳給兒子朱由校。

明朝皇帝一代比一代奇葩，明熹宗朱由校特別喜歡木工，與前朝總沉溺於某種事物上的朱氏皇帝一樣，他每天都致力於打造更完美的木工製品，完全不理朝政，國家大

事都交給宦官魏忠賢。

在這樣一代一代荒唐、奇葩皇帝的「努力」下，明朝果然開始進入滅亡倒數計時中。因明熹宗無子，便由弟弟明思宗朱由檢繼位，那時的明朝已處於內憂外患夾擊之下，即使有心想力挽狂瀾也來不及了。

明亡清興所謂的南明

不少人認為明朝這麼混亂，應該有不少黨爭的故事才對，但其實明朝黨爭的主角——東林黨最早出現於明神宗萬曆朝。當時一位著名學者顧憲成在江蘇省無錫成立一所

影片傳送門

東林書院，此後東林書院的人常以正派人士自居，是為東林黨人。

與東林黨相對的反對派就是閹黨，領軍者是宦官魏忠賢。明神宗過世之後，兒子明光宗僅在位 29 天就駕崩，傳位給愛做木工的明熹宗，明熹宗又把國家大事都交給魏忠賢打理，讓閹黨一派開始坐大。閹黨的首領魏忠賢雖然目不識丁，但他很清楚自己的缺點，於是就去拉攏那些反對東林黨的朝臣與士人。

明熹宗時期，閹黨跟東林黨兩個黨派水火不容，且因木匠皇帝完全將國事交給魏忠賢代理，所以由閹黨佔據上風，不少忠貞的東林黨人含冤下獄，其中最有名的就是東

林黨六君子之一的左光斗。左光斗是史可法的老師,被魏忠賢無端陷害,打入牢獄、受嚴刑拷打而死,直到後來才被證實清白,追諡為忠毅,成為我們稱呼的左忠毅公。

好在明熹宗在位期間不長,很快就因無子而傳位給弟弟明思宗朱由檢。繼位的明思宗也是個明白人,他巧妙地清除了魏忠賢的勢力,把閹黨一網打盡,嚴禁宦官干政,在國事上他親力親為、事必躬親,也不近女色,但過猶不及,太過極端也不是件好事。由於明思宗接受的基礎教育不完整,再加上當上皇帝時相當年輕,因此衍生了一個他最大的毛病——疑心病過重。

在這樣的情況下,明思宗將國事越理越亂,雖然他勤儉愛民,但他加諸在民間的稅賦卻是明朝最重的,因為那時各方問題叢生,需要龐大的財政支出,而先輩留下的明朝早已千瘡百孔、國庫空虛。此時又有後金南下騷擾,明思宗因此加徵遼餉,結果導致農民軍起義;為了抵抗農民軍,明思宗又再加徵剿餉;由於要兩面用兵,需要軍費養兵,所以又從百姓身上再徵練餉,等於百姓要被剝四層皮,使民不聊生。

這樣的惡因,導致更多農民加入農民軍,農民軍的勢力就像滾雪球一樣越滾越大。明思宗的疑心病又在此時發作,光是在位期間,他就撤換掉 50 個大學士、17 個兵部尚書,拉開了君臣之間的距離,使官僚行政體系難以發揮功能。在關外後金勢力崛起、關內農民軍遍地起義的局勢

下，他的疑心病成為壓死大明的最後一根稻草。

其中最具威脅的農民軍由闖王李自成率領。李自成的農民軍本來只是一個「遇弱則戰、遇強則遁」的雜牌軍，但自從李岩、牛金星等讀書人加入部隊後，李自成聽從他們的建議停止殺戮，並打出六個字的「迎闖王，不納糧」旗號，成功贏得民心，因此得以迅速殺入帝都，迫使明思宗上吊身亡。

事實上，明思宗還是有不少方法能讓明朝苟且偷生。

其一，李自成在攻入北京前，曾秘密遣使與明思宗談判，要求明思宗封自己為西北王，並以西北地區為封地，且不須奉詔、不須覲見皇帝，如此他就願意為明朝打擊崛起的後金勢力。明思宗聽罷，果斷回絕這樣跋扈又不尊重皇帝的條件。其二，明思宗可以選擇「還都」南京，而且南京本來就存有一幫官僚體系，並不會引起改朝換代的聯想跟動盪，抑或派遣太子前往南京監國，為大明王朝留下一條後路。其三，在李自成攻入京師後，明思宗可以選擇南下，同時請各地官員率兵勤王，即使地方兵力不足，也可以召集當時駐守山海關的吳三桂勤王，即使無法擊破李自成的農民軍，也必然可以到南方延續大明王朝的國祚。

但以上數條明路明思宗都不選，他仍堅持固守北京，再加上他疑心病又犯，殺了不少文武官員，連大名鼎鼎的袁崇煥都被其所殺，這讓崇敬袁崇煥的另一位大將——祖大壽寒了心，在聽到又一員大將洪承疇降清後，也接下清

朝遞出的橄欖枝投降。

　　無論是洪承疇還是祖大壽，在降清後都被清朝重用，這也是清朝後來為什麼會那麼快席捲整個江南的原因。清朝重用的明朝降將，除了祖大壽、洪承疇外，還有位重要的角色就是吳三桂，吳三桂當時是明朝的總兵，曾屢施奇計與清軍周旋，甚至得到皇太極「吾家若得此人，何憂天下？」的評價。

　　在明思宗自殺、明朝滅亡的情況下，鎮守山海關的吳三桂陷入兩難，開始懷疑起自己守住山海關的理由。關外是與自己交戰已久的清軍、關內是使明朝覆滅的李自成農民軍，吳三桂最終選擇倒向率領清軍的多爾袞，與多爾袞和談，多爾袞則要求吳三桂投降，並允諾事後封侯封王。吳三桂眼見事已至此，只得同意多爾袞的條件，投降清軍，最後與清八旗軍合作，擊潰李自成的農民軍，使清朝順利入主北京。

　　由於清朝攻打的對象是李自成農民軍，所以攻下北京被視為一種「正義」且情勢所迫的行為，再加上多爾袞進入北京後的第一件事，就是命令明朝的遺老繼續籌建思陵安葬明思宗，所以明十三陵之所以能成為「十三陵」，其實還得感謝多爾袞。清朝的一系列舉措大大降低了明朝遺民的反抗心理，最後多爾袞還封吳三桂為平西王，命他為前鋒，為清朝掃平統一全國的一切障礙。

　　明思宗自縊後，其實只有北方出了問題，南方各省還

是處於安定的狀態，甚至可以說是仍奉明朝為正朔。但因明朝的藩王太多，加上又有朱棣奪位的歷史，使南方各省的藩王開始蠢蠢欲動，自行稱帝的比比皆是。

由於南明動盪的政權僅存在 19 年，甚至無法劃定一個穩定的疆域並安然發展，這也成為南明史不被納入正史的原因。南明諸王中，最出名的就是南明五帝——福王、魯王、兩位唐王和桂王。

其中福王就是弘光帝朱由崧，他是南明的首位皇帝。福王可以上溯至明神宗萬曆時期，那時明神宗立長子為太子，並封萬貴妃生下的三皇子為福王，而福王的兒子幸運逃過農民軍的追殺，在南京即位為弘光帝。但他的王朝僅一年就崩潰了，照理說明朝南京各機構一應俱全，行政體系也相當完整，應當不會這麼快覆滅的，但就卡在東林黨人對福王一脈抱有成見，所以當時福王南京即位時，正統性屢屢被東林黨人質疑；再加上當時的江北四鎮各有軍閥坐鎮，其中馬士英跟阮大鋮四處賣官鬻爵、報撼私仇，導致南京的中央政府政事萎靡，碰到清軍就立刻投降。

福王政權一年垮台後，魯王朱以海便乘勢崛起，以「監國」的名義割據地方，監國將近八年後，奉桂王為帝（永曆帝）。值得一提的是，魯王的體系雖小，卻非常團結。但由於魯王的勢力範圍實在太小，且與同時成立的唐王王朝不合，兩方人馬沒有團結抗清，反而各擁其主相互攻訐，於是就被清軍各個擊破。唐王有個弟弟，就是後來

的紹武帝，當哥哥被清軍擊破之後，隨即逃至廣東即位，但也旋即被清軍攻滅。

南明五帝最後滅亡的是桂王永曆帝，在福王、魯王、唐王等政權相繼滅亡後，南明最後只剩下桂王一脈，永曆帝便成為反清勢力供奉的正朔，包括兩股勢力在內——鄭成功及農民軍殘部。鄭成功帶著永曆帝敕封的「延平郡王」名號打下了台灣，讓南明勢力在台灣落地生根；農民軍也因清朝入關後的積極剿滅而轉向支持永曆帝。永曆帝可以說就是靠這兩股力量，政權存活了非常長的時間，最後被吳三桂逼到緬甸，被緬甸王出賣而死。

總體而言，南明政權的失敗主要是因為沒有妥善運用僅存的軍事力量，明明外敵當前，南明諸王卻還在內鬥，這才是南明最後成不了氣候的原因。

萬曆十五年＆無敵的末日

眾所周知，黃仁宇《萬曆十五年》是研究明代史實的必讀經典。書名「萬曆十五年」指的就是明神宗朱翊鈞在位的第十五年。這一年其實並沒有發生什麼轟轟烈烈的大事，甚至可說是平平淡淡的一年，只是，數個「正巧」

影片傳送門

碰在一起，卻讓明朝開始走向衰頹——皇帝開始因厭煩道德框架限制而拒絕上朝、首輔張居正逝世五周年、戚繼光

及海瑞先後去世、努爾哈赤率領女真部族在東北崛起。

　　統領中國地區的大明王朝正因各種原因而顯露衰敗之勢的同時，距離大半個地球之遠的西方國度，又發生了什麼事呢？

　　「萬曆十五年」正好是西元 1587 年，也就是英國擊敗西班牙「無敵艦隊」的前一年。在這個時期，可說是西班牙與英格蘭衝突最為激烈的時候，而統領英國戰勝西班牙的女皇——伊莉莎白一世與明神宗萬曆帝，差不多就是同一個年代，分別是東西半球最富影響力的統治者，這也是筆者特別將《萬曆十五年》與《無敵的末日》並列介紹的原因。

《無敵的末日》
典藏閣出版
王擎天◎著

　　東方的萬曆帝儘管因道德束縛而拒絕處理朝政，但仍派出宦官四處收稅，以充實自己的私人小金庫，在這種情況下，其中的貪污和腐敗可想而知，更多收自民間的錢財都流向不明處，使明朝的軍備及工業難以推行發展，只能以低級的技術緩慢推行，從大歷史的角度檢討起來，這兩種產業的發展，即使在253年之後的清朝，仍沒什麼進步。

　　反觀西方國家，他們的科學卻能在 250 年間突飛猛進，不僅爆發工業革命，更有數不清的學者與學說相繼問世。像是英國的崛起，就是從 1588 年擊敗西班牙無敵艦隊

的伊麗莎白女王開始，一直發展到維多利亞女王，透過科學突破與工業革命的加持，使英國成為繼西班牙之後，第二個擁有「日不落帝國」稱號的國家。

英國之所以能夠快速發展，主要歸功於1600年成立的東印度公司。英國成立東印度公司開始經營海上貿易，也囊括了不少獲利，使英國經濟飛速蓬勃發展。由於東印度公司是為「國家」賺錢，因此英國也應許其許多特權，包括貿易專利權、能鑄造錢幣、組織軍隊、自行修築堡壘等。因此，東印度公司可以代表國家對外宣戰、媾和，甚至訂定盟約。從歷史的出發點來說，東印度公司帶領殖民地開始各項發展，無論是經濟面還是工業面，都對殖民地有所助益。

以東方中國的兩千年歷史與西方近三百年的成就相比，中國雖領先與西方出現「四大發明」——造紙術、指南針、火藥及印刷術，但「升級」這四大發明的能力卻遠遜於西方，甚至可說中國在明清兩代簡直是原地踏步。

《萬曆十五年》這本書一直提到的是一種近百年的「長隧道」觀感，也就是將觀察歷史的範圍推廣到一世紀，甚至是兩世紀以上，藉此破除觀察歷史的侷限性，並將那些看似無關緊要的事與現象，以及一成不變的制度串聯，推論彙整成一部「大歷史觀」。這也是《萬曆十五年》能如此為人稱道的原因之一。

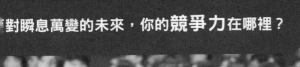

面對瞬息萬變的未來，你的**競爭力**在哪裡？

建構個人影響力的兩大武器——
出書出版＆公眾演說

讓你從谷底翻身，
翻轉人生躍進B&I象限！

It's time to change !

舞台保證

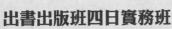
出書出版班四日實務班

為什麼人人都想出書？
因為在這競爭激烈的時代，
出書是成為專家最快的途徑，
讓我們為您獨家曝光——
98%作家都不知道的出書斜槓獲利精髓！

保證出書

四大主題

企劃 · 寫作 · 出版 · 行銷 一次搞定
讓您藉書揚名，建立個人品牌，晉升專業人士，
成為暢銷作家，想低調都不行！

公眾演說四日精華班

學會公眾演說，讓您的影響力、收入翻倍，
鍛鍊出隨時都能自在表達的「演說力」，
把客戶的人、心、魂、錢都收進來，
不用再羨慕別人多金又受歡迎，
花同樣的時間卻產生數倍以上的效果！

三大主題

故事力 · 溝通力 · 思考力 一次兼備
讓您脫胎換骨成為超級演說家，
晉級 A 咖中的 A 咖！

課日期及詳細課程資訊，請掃描 QR Code 或撥打真人客服專線 02-8245-8318，
可上新絲路官網 silkbook.com www.silkbook.com 查詢。

華文版 Business & You 完整 15 日絕頂課程

從內到外，徹底改變您的一切！

以大自然為背景，一群人、一個項目、一條心、一塊兒拼、然後一起贏！古有〈華山論劍〉，今有〈BU 齊心論劍〉，「齊心」的前提是互相認識，大家充份了解，彼此會心理解，擰成一股繩兒，一條鞭是也！

以《BU 藍皮書》《覺醒時刻》為教材，採用 NLP 科學式激勵法，激發潛意識與左右腦併用，BU 獨創的創富成功方程式，可同時提升內在與外在的富足，含章行文內外兼備也！

以《BU 紅皮書》與《BU 綠皮書》兩大經典為本，保證教會您成功創業、財務自由之外，也將提升您的人生境界，達到真正快樂的人生目的。並藉遊戲式教學，讓您了解 DISC 性格密碼，對組建團隊與人脈之開拓能力均可大幅提升。

以《BU 黑皮書》超級經典為本，手把手教您眾籌與商業模式之 T&M，輔以無敵談判術，完成系統化的被動收入模式，由 E 與 S 象限，進化到 B 與 I 象限，達到真正的財富自由！

$$\frac{E}{S} \bigg/ \frac{B}{I}$$

以史上最強的《棕皮書》為主軸，教會學員絕密的祕密與終極之技巧，並教您全球行銷大師的密技與 642 系統專題研究，是目前地表上最強的行銷培訓課程。

接建初

1 日
齊心論劍班

2 日
成功激勵班

3 日
快樂創業班

4 日 OPM
眾籌談判班

5 日市場
行銷專

以上 1+2+3+4+5 共 **15** 日 BU 完整課程，
整合全球培訓界主流的二大系統及參加培訓者的三大目的：

成功激勵學 × 落地實戰能力 × 借力高端人脈

建構自己的魚池，讓您徹底了解《借力與整合的秘密》

超級好講師
徵的就是你

最好的斜槓就是當講師

☑ 你渴望站在台上辯才無礙，為自己創造下班後的斜槓收入嗎？

☑ 你經常代表公司進行教育訓練，希望能侃侃而談並成交客戶嗎？

☑ 你自己經營個人品牌，卻遲遲無法跨越站上舞台的心理障礙嗎？

☑ 你渴望站在台上發光發熱，躍升成為受人景仰的專業講師嗎？

世界上最重要的致富關鍵，就是你說服人的速度有多快，而**最極致的說服力**就來自於一對多的演說。手拿麥克風站上演講台，一邊分享知識、經驗、技巧，還可以荷包賺滿滿，讓人脈源源不絕聚集而來，擴大影響半徑並創造合作機會，建構**斜槓新人生**！不論您從事任何行業，都應該了解**海軍式的會議營銷**技巧，以講師斜槓幫助本業！在成為講師的路上，魔法講盟 成就你成為超級好講師的夢想!!

只要你願意……
魔法講盟幫你量身打造成為超級好講師的絕佳模式！
魔法講盟幫你搭建好發揮講師魅力的大小舞台！

只要你願意……
你的人生，就此翻轉改變；你的未來，就此眾人稱羨！
別再懷疑猶豫，趕快來翻轉未來，點燃夢想！

 成果發表

 上台演練

 課後調整

 教學方法

 教案設計

5 階段

魔法講盟

區塊鏈國際
認證講師班

錯過區塊鏈，將錯過一個時代！馬雲說：「區塊鏈對未來影響超乎想像。」錯過區塊鏈就好比 20 年前錯過網路！想了解什麼是區塊鏈嗎？想抓住區塊鏈創富趨勢嗎？

區塊鏈目前對於各方的人才需求是非常的緊缺，其中包括區塊鏈架構師、區塊鏈應用技術、數字資產產品經理、數字資產投資諮詢顧問等，都是目前區塊鏈市場非常短缺的專業人員。

魔法講盟 特別對接大陸高層和東盟區塊鏈經濟研究院的院長來台授課，**魔法講盟**是唯一在台灣上課就可以取得大陸官方認證的機構，課程結束後您會取得大陸工信部、國際區塊鏈認證單位以及魔法講盟國際授課證照，取得證照後就可以至中國大陸及亞洲各地授課 & 接案，並可大幅增強自己的競爭力與大半徑的人脈圈！

由國際級專家教練主持，
即學・即賺・即領證！
一同賺進區塊鏈新紀元！

課程地點： 采舍國際出版集團總部三樓
　　　　　魔法教室
新北市中和區中山路 2 段 366 巷 10 號 3 樓
（中和華中橋 CostCo 對面）中和站 or 橋和站

查詢開課日期及詳細授課資訊・報名
請掃左方 QR Code，或上新絲路官網 新絲路網路書店 silkbook○com　www.silkbook.com 查詢

15 Days to
Get Everything

史上最強、最有效
642行銷培訓營

建立系統，數位實體雙贏！

B&U642，改寫你的財富未來式！

★642系統已創造了無數個億萬富翁！
　它樸實無華，看似平凡無奇，卻蘊含極大能量！

★您的時間有投在對的平台上嗎？
　同樣的努力、同樣的時間，創造的價值可能差十萬八千里。
　懂得借時代之勢，借平台之勢，個人的力量才會被放大。

★一個好平台＋一套自動模式＋全球最佳的導師
　100%複製、系統化經營、團隊深耕，讓有心人都變成戰將！

加入BU642，翻轉你的人生下半場！——

團隊深耕

系統化經營

100%複製

　▶ 一年財務自由，兩年財富自由，三年翻轉ESBI 象限賺大錢。

　▶ 做一個卓越的A⁺⁺⁺領導者，建立一支高效的
　　 萬人或千人團隊。

　▶ 正統642➔幫助你創造自動化賺錢系統，過著
　　 有錢有閒的自由人生。

成功激勵・專業能力・高端人脈，一石三鳥的落地課程！
　　全面啟動財富新磁場！! ▶ ▶ ▶

學習領航家—— 新絲路視頻

帶您一饗知識的盛宴，偷學大師真本事！

新視野 New Horizons ➤ 新思路 New Ideas ➤ 新知識 New Knowledge

全球華人跨時空知識服務平台，讓想擴充新知的你，在短時間內汲取充滿知性與理性的優質內容。

 新絲路視頻 重磅邀請台灣最有學識的出版之神——王晴天博士主講。

有料會寫又能說的王博士憑著他紮實的學識，透過有別於傳統主流的思考觀點，帶給您煥然一新的思維體驗，讓您不再人云亦云！

👍 訂閱 🔔 新絲路視頻

1～歷史真相系列　　2～說書系列　　　　3～文化傳承與文明之光
4～寰宇時空史地　　5～改變人生的10個方法

▶ YouTube

新絲路視頻1-1　歷史真相系列　大國崛起之根本因素　王晴天 主講

新絲路視頻1-2　歷史真相系列　明十三陵之謎　王晴天 主講

新絲路視頻1-3　歷史真相系列　明朝的那些事兒　王晴天 主講

新絲路視頻1-4　歷史真相系列　萬曆十五年&無敵的末日　王晴天 主講

新絲路視頻1-5　歷史真相系列　明亡清興所謂的南明　王晴天 主講

新絲路視頻1-6　歷史真相系列　努爾哈赤·皇太極·多爾袞　王晴天 主講

國家圖書館出版品預行編目資料

大明風華——明代史實全紀錄／王晴天 著.--
新北市中和區：典藏閣出版，采舍國際有限公司發行
2020.5〔民109〕
　　面；　公分

　ISBN 978-986-87443-9-4（平裝）
　1. 歷史　2. 明代

626.09　　　　　　　　　　　　　　　　　　109002934

～理想的推手～

理想需要推廣，才能讓更多人共享。采舍國際有限
公司，為您的書籍鋪設最佳網絡，橫跨兩岸同步發
行華文書刊，志在普及知識，散布您的理念，讓
「好書」都成為「暢銷書」與「長銷書」。
歡迎有理想的出版社加入我們的行列！

采舍國際有限公司行銷總代理
angel@mail.book4u.com.tw

全國最專業圖書總經銷
台灣射向全球華文市場之箭

典 藏 閣

大明風華——明代史實全紀錄

著 作 人 ▶王晴天　　　　　美 術 設 計 ▶陳君鳳
總 顧 問 ▶王寶玲　　　　　封 面 繪 圖 ▶黎宇珠
總 編 輯 ▶歐綾纖　　　　　內 文 排 版 ▶王芋崴
副 總 編 輯 ▶陳雅貞　　　　特 約 編 輯 ▶洪宜娟、潘千里、楊巧雯
策 劃 主 編 ▶林詩庭

郵撥帳號 ▶50017206 采舍國際有限公司（郵撥購買，請另付一成郵資）
台灣出版中心 ▶新北市中和區中山路2段366巷10號10樓
電　　話 ▶ (02) 2248-7896　　　　傳真 ▶ (02) 2248-7758
I S B N　▶ 978-986-87443-9-4
出版日期 ▶ 2020年5月初版

全球華文市場總代理 / 采舍國際有限公司
地址 ▶新北市中和區中山路2段366巷10號3樓
電話 ▶ (02) 8245-8786　　　　傳真 ▶ (02) 8245-8718

全系列書系特約展示門市
新絲路網路書店
地址 ▶新北市中和區中山路2段366巷10號10樓
電話 ▶ (02) 8245-9896
網址 ▶www.silkbook.com

線上pbook&ebook總代理 / 全球華文聯合出版平台
地址 ▶新北市中和區中山路2段366巷10號10樓
新絲路電子書城 ▶www.silkbook.com/ebookstore/
華文網雲端書城 ▶www.book4u.com.tw
新絲路網路書店 ▶www.silkbook.com